# 金融暴落！グレートリセットに備えよ

THE GREAT RESET

# まえがき

２０２５年、つまりあと2年後には、２００８年のリーマン・ショックはおろか、１９２９年に起きたあの「大恐慌」を超えるような米国発の未曽有の金融危機が襲いかかってくる。

なぜ、私はそう予測するのか。約30年にわたるトレーダーとしての経験と実績、経済史の研究を踏まえた結果、我々はどうしても史上最大級の金融危機を回避できないという結論に達したからである。

このような予測に至る経緯と私の考察を、皆様に共有してほしい、そしておこがましいかもしれないが、少なくとも皆様が手持ち資産を失ったり、不幸な状況を招くのを回避していただきたい、そんな切迫した思いから記したのが本書である。

もともと私がこうした分析能力を培うことができたのには、いくつかの要因がある。外資系金融機関のトレーダーとして最前線で戦い、コンマ数秒で変化する数字に瞬時に反応するようなスキルを養ったことや、常に世界の事象をつなぎ合わせてマーケットの大きな方向性を見出《みいだ》そうと努め、目に見える事象だけでなく、その裏の裏まで読み解こうと感性を研ぎ澄ませてきたからだと思う。

手前味噌《みそ》な言い方を許してもらえるならば、スイス系金融機関時代の私は、１９９８年のＬＴＣＭ（ロングターム・キャピタル・マネジメント）の破綻に端を発した為替市場での急激な円高を的中させた数少ないトレーダーの一人であった。ＬＴＣＭの破綻は、世界の機関投資家に60兆円、あるいは70兆円の損失をもたらした。憶えておられる方もいるかもしれないが、当時のＦＲＢ（米連邦準備制度理事会）のグリーンスパン議長は政策金利を下げざるを得ない事態にまで追い込まれてしまった。これは異例中の異例の出来事といえた。

それではなぜ、一介のトレーダーだった私が、ＬＴＣＭの破綻による円高を的中させるといった離れ業をやってのけたのだろうか。それにはこんな裏話がある。

私には、いまはなき米系投資銀行で４０００億円から５０００億円のビッグポジションを持っていた米系アジア人Ｐ氏たちとの付き合いがあった。彼らのもとには、世界中のヘッジファンドを含めた為替フローの情報が隈《くま》なく集まっていた。それを俯瞰《ふかん》しながら、そこに乗るか、逆張りするかを決めるのが彼らの役目だった。

なかでもP氏は、米国の中枢にいる政治家の生の声を聴ける立場にもあった。１９９８年のロシア通貨危機の際は、そんな巨額が吹き飛ぶとは誰も予測していなかったときに、彼だけは間違えなかった。ごくごく一部の人たちが飛び切り〝精度の高い情報〟を摑《つか》んで、マーケットを動かしている。１００人中99人が信じていても、その予測は覆されることがある。ＬＴＣＭの破綻は、そのことを思い知らされた瞬間だった。

私がP氏をはじめとする選ばれしトレーダーたちと親しくなれたきっかけは、彼らとのこんな電話での会話だった。ある日、為替マーケットがドル高一辺倒で、誰もがさらなるドル高を疑わない局面でのことだ。市場の最前線にいる一ディーラーにすぎない私だったが、P氏に、きっぱりと確信をもった口調で告げた。

「ここからは、ドルは売りですね」

「――」

私がこれからドルが下がると閃《ひらめ》いたのは、これほど皆がドル買いに勤《いそ》しんでいるのに、まったくと言っていいほど、ドル高が進まなかったからだ。「何か妙だな。」その不信感が起点となっていた。

私は昔から、基本的に「売り」を仕掛けるのが好きだったため、〝暴落の匂い〟には、人一倍、敏感だったこともあるだろう。言葉を換えるならば、私は人一倍、危機意識が強いタイプの人間ともいえる。

もともと戦略的に巨額のドル売りポジションを持っていたP氏の気持ちを推し量るとすれば、おそらくこんな心境だったのであろう。

「なんでこいつは、俺たちのシナリオを知ってるんだ？　こいつの感覚は鋭い。相場というものの本質を、よくわかっとるな」

これを嚆矢《こうし》に、ほかにも一人、二人と、特別な情報に通じる人たちが、胸襟を開いてくれるようになった。やがて私は、ドル安シナリオの全貌を摑むに至った。

先に、私は「売り」が好きだと記した。金融マーケットの暴落、つまり迫りくる危機をいち早く察知する能力に長《た》けているのは、おそらく自分のキャリアに由来するのだろう。

ディーラーになるずっと以前、実は私は自衛隊に所属しており、かつては地方の駐屯地に在隊していた。そこである防衛大学出身のエリート上官との出会いがあった。彼は私に期待と愛情をもって、さまざまなことを教えてくれた上官だったが、ある日、議論の場で反論する私に、活を入れるように言った。

「つべこべ言わず、おまえは大学に入って幹部候補生をめざせ。そして、自衛隊に戻ってこい。話はそれからだ！」

当時の私は、精鋭部隊であるレンジャーの候補生としての訓練を終えようとしていたところだった。かなり迷い、熟考した結果、まず、大学の学位を取得しようと決めて上京した。

在学中、テンプ・スタッフでアルバイトの登録をしたのだが、そこで紹介された派遣先が外資系銀行のディーリング・ルームであった。下働きに精を出しているとやがて認められ、実際に為替の売買に携わるようになった。

当時は為替のマーケットが日々、拡大するような時代で、現場は猫の手も借りたいような忙しさだった。いくら見込まれたとはいえ、学生だった自分が為替取引の現場に入ることができたのは、まれなことであり、まさに時代がくれたチャンスだった。そして、常に目先のコンマ何秒で状況が変化し、怒号が飛び交う中で真剣勝負をする世界で、鍛えに鍛えられた。この経験を経て、私は大学卒業後、ごく自然に金融、為替相場の世界に飛び込んでいった。

そんなわけで自衛隊には復帰しなかったが、相場の世界に入ってからも、自衛隊時代に身に付けた「日本を守らねばならない」という危機意識は、いささかも衰えることはなかった。

そして、年を経るごとにそうした思いは高まっていった。また一方で、相場暴落の嗅覚にも磨きがかかったと自負している。

本書では、為替に限らず株式相場においても応用できる、自分なりのセオリーをまとめてみた。暴落する前の1、2年間は、人々のマインドは〝総悲観〟から〝総楽観〟に180度転換すること、相場が暴騰したり、一転、暴落するタイミングには、過去の暴落との類似性を見出すことができることなどを示した。

さらには、相場の転換点に近い日柄やその後の最終的な着地点となる下落幅の見極め方など、かなり具体的な経験則を、皆様にお届けするものである。いずれも私が40年以上、日々、考え続け鍛えることで、反射神経のように体で覚えた感覚に基づくものである。

是非、皆さんには2024年末から2025年に始まる大暴落を迎えても、自分の財産を守るべく準備を済ませ、涼しい顔でいてほしいと、切に願う次第である。

2023年3月　東京にて

岩永憲治

# 目次

第2章

# いま世界経済で何が起きているのか

## 第３章 米国とＦＲＢのもくろみ

## 第4章 繰り返される歴史

第5章 勝ち逃げの法則



第6章 FRBの仕事とは何なのか？

## 第7章 バフェットの投資スタイルに学ぶ



## 第8章 円安の本当の原因は何なのか？

## 第9章

# 「エコノミスト」誌の表紙を解読する

本書は投資を勧誘することを目的としておらず、本書の資料・データに関しては、投資判断の参考となる情報の提供を目的としたもので、特定の銘柄の投資勧誘を目的として作成したものではありません。また掲載情報の利用に起因するいかなる損害にも責任を負いません。銘柄の選択、投資の最終決定は、ご自身の判断と責任で行ってください。なお、使用するデータおよび表現等の欠落・誤謬につきましてはその責を負いかねますのでご了承ください。

# 第1章

# グレートリセットのシナリオ

THE GREAT RESET

## ■リーマン・ショックで終焉とはならなかった米国経済

２０２４年の秋以降、１００年に一度の史上最大にして最後の、米国発バブル崩壊が訪れる。世界はリーマン・ショック時の10倍ものショックに襲われることだろう。

なぜ、２０２４年に発生するであろう米国発のバブル崩壊が２００８年のリーマン・ショック時の10倍のショックを世界にもたらすのか？

答えから先に示すと、ＮＹダウがピークから10分の1程度まで下がる可能性があると考えるからだ。株価が10分の１になるのに、10倍のショックが来ない、あるいは軽微で済むと考えるほうがおかしい。

ただし、仮にそうなる場合にはある程度事前に予測ができるはずだ。今後発生するかもしれないそうしたリスクの回避方法を紹介するのが、本書の目的でもある。

相場展開は様々なパターンがありうるが、パターンごとに対処方法は異なる。本書では最もインパクトが強く、最もリスクが高いシナリオを想定している。これから２０２４年第３

四半期近辺に合わせて、NYダウは4万ドル近辺まで上昇、臨界点でトップアウト。そこからは全世界的に100年に一度の怒濤《どとう》のグレートリセット（社会や経済のシステムの大幅な見通し・刷新）が始まる。金融界のみならず世界経済の常識が変わるだろう。

　その後のNYダウのボトム（底）はバラク・オバマ政権時代のリーマン・ショック後に付けた6500ドルでは止まらず、そこを突き抜けてさらに下がっていくだろう。


　次ページの「NYダウの経緯（月足）」を見ていただきたい（図表1-1）。白抜き、黒抜きの一つ一つの細長いラインは、ある期間の値動きのうち4つの価格（始値、高値、安値、終値）を1本の「足」として描いたものだ。その形状がろうそくに似ていることから、ろうそく足と命名されている。ちなみに、このろうそく足を並べたチャートから相場の流れを分析する方法は日本の江戸時代、堂島《どうじま》の米取引に由来するとも言われている。90年代前半あたりまでは海外のチャート分析では3本足（高値、安値、終値）が主流だったが、いまやろうそく足の知名度は抜群だ。

　終値が始値より高い、つまり上昇力の強い相場展開を表したものは白い「陽線」、逆に終値が始値より低い、つまり下向きの圧力がかかっているものは黒い「陰線」となる。白・黒の

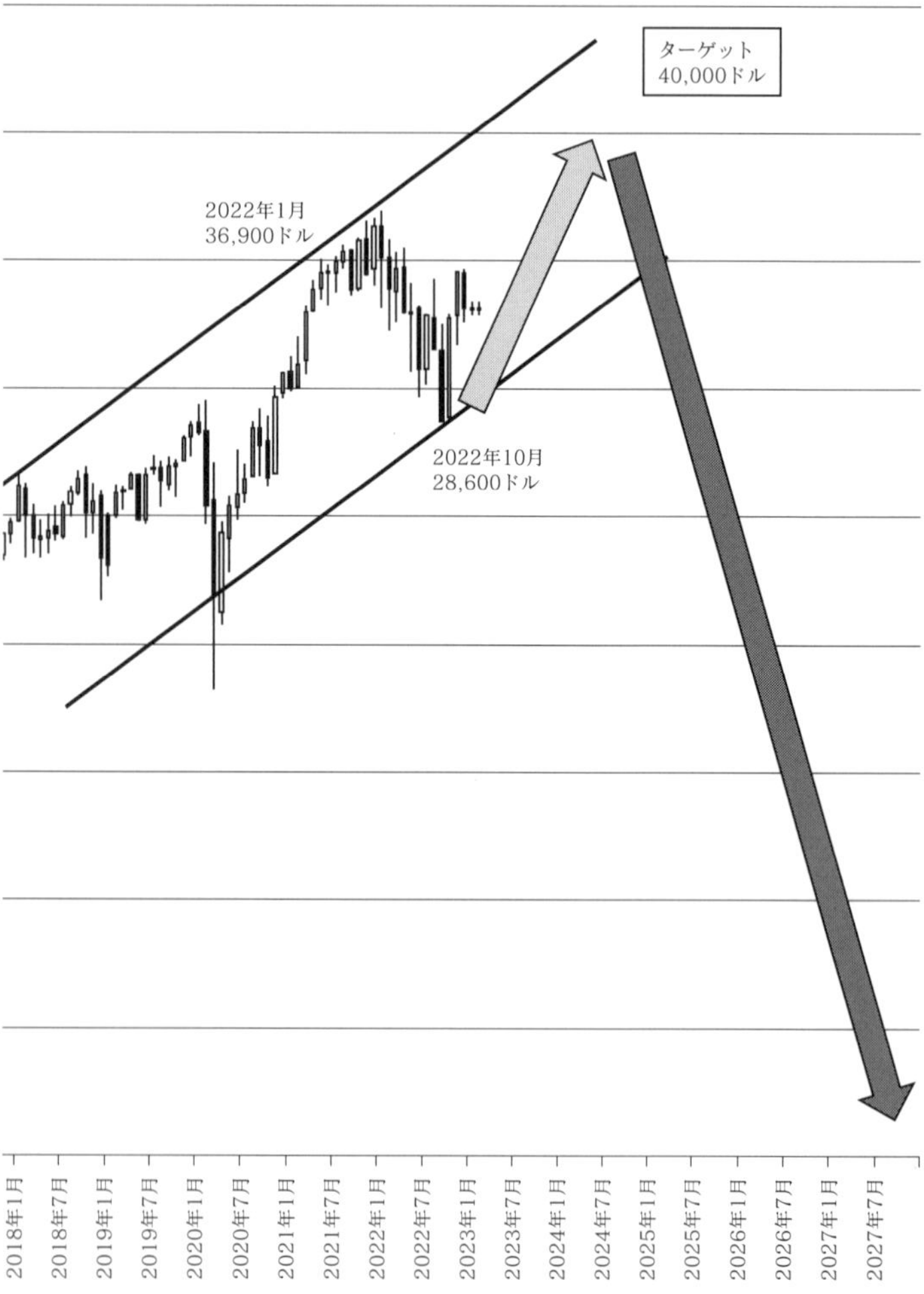


出典：yahoo!ファイナンスのデータをもとに著者作成

## 図表1-1　NYダウの経緯（月足）

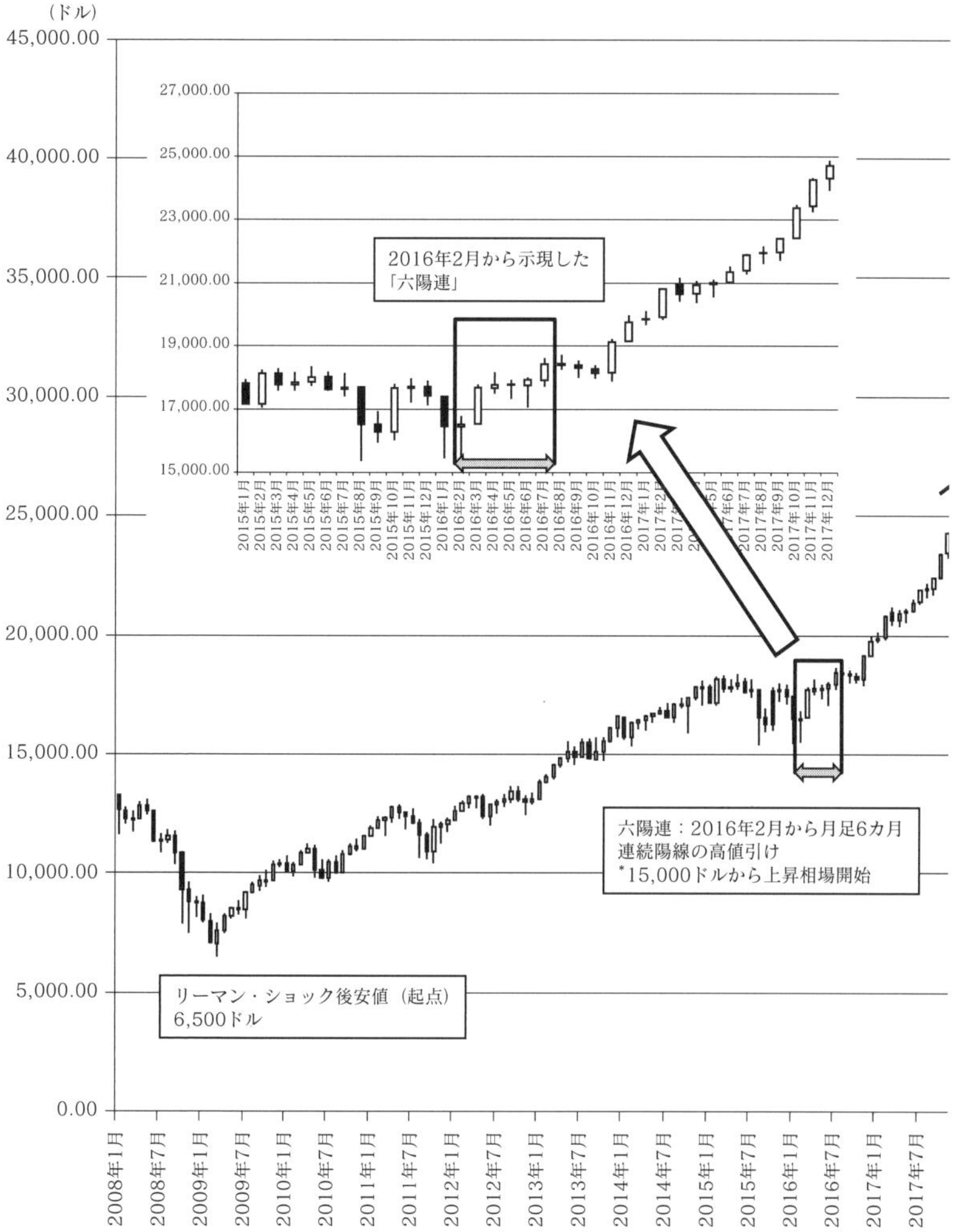
（ドル）
45,000.00
40,000.00
35,000.00
30,000.00
25,000.00
20,000.00
15,000.00
10,000.00
5,000.00
0.00
27,000.00
25,000.00
23,000.00
21,000.00
19,000.00
17,000.00
15,000.00
2016年2月から示現した「六陽連」
六陽連：2016年2月から月足6カ月連続陽線の高値引け
*15,000ドルから上昇相場開始
リーマン・ショック後安値（起点）6,500ドル
2008年1月
2008年7月
2009年1月
2009年7月
2010年1月
2010年7月
2011年1月
2011年7月
2012年1月
2012年7月
2013年1月
2013年7月
2014年1月
2014年7月
2015年1月
2015年7月
2016年1月
2016年7月
2017年1月
2017年7月

部分は「実体（胴体）」と呼ばれ、「実体」部分以外の実体から高値までの細い線は「上ひげ」、安値までの細い線は「下ひげ」と呼ばれる。

図表は月足の動きを示したものだが、左上に2016年の2月から示現した「六陽連（月足で6カ月連続高）」の拡大図を入れた。この「六陽連」こそが上昇の相場の合図であり、この時は1万5000ドル台から上伸する合図であった。

少々細かい解説になるが、ろうそく足のなかには「実体」がほとんどなく「上ひげ」と「下ひげ」だけからなる「寄引同時線《よりひき》」がある。2016年2月は「寄引同時線」のなかでも「トンボ」の名称を持つ独特のろうそく足となっている。これは月初から価格がどんどん下がっていったものの終わってみれば始値の水準まで終値が戻ってくるという、行って来いで相場が戻ってきた展開を示す。「トンボ」の場合は買い方が優勢、底値圏で出てくると底打ちを示唆するとされ、陽線と同等にカウントできる。

大きなトレンドでは、ここからバブルがスタートし、2022年1月に3万6900ドル台まで上昇後、同年10月に2万8600ドル台まで下落。そこから先は4万ドルを目指して上がっていく可能性があるが、結局はグレートリセットにより、リーマン・ショック後の底値6500ドルでは止まらず、最大10年から20年をかけてもう一段下の4000ドルあたりまで下がっていくというのが私のシナリオである。よく日本の株式関係者はバブルが崩壊すると「株価は半値八掛け二割引」になると語るが、それよりも強烈な下落が待っているわけである。

なぜＮＹダウは、そこまで落ちなければいけないのか？

それは、２００８年９月のリーマン・ショック発生のときに米国経済もＥＵ経済圏もすでに破綻していたからである。本来であれば、現状のような経済構造を持つ資本主義下での「最後のバブル」はそこで終了だったのにもかかわらず、各国政策当局は、淘汰されるべき〝ゾンビ企業〟などを残したままマネーを投入することで延命を図ってきた。

ＦＲＢ（米連邦準備制度理事会）は金融緩和と量的緩和とを駆使し、何とか、ごまかしごまかししつつ経済活動を持ちこたえさせてきた。ごまかしとおせると思っているところで、今度はコロナ禍に見舞われ、さらに米国政府はコロナ対策として国民に対して総額８５００億ドル超（１ドル１３０円換算で１１０兆円規模）もの現金支給を実施した。過剰な資金供給を背景に米国経済は活性化したかのように見える。それが本当なのかどうかを今回、マーケットが〝確認〟しにいくということだ。

## ■リーマン・ショックを回顧する

１９９０年代後半にかけてＩＴ関連のベンチャー企業が雨後の筍《たけのこ》のように設立された。特に１９９９年から２０００年まで「ドットコム」の付く企業の株価を筆頭に異常な上昇を見せ、他の株価もそれに引きずられるように上昇した。当時、盛んに言われていたのは「ニューエコノミー」の到来だ。ＩＴ技術の発展により景気循環そのものがもはや消滅し、成長が永遠に続くというような、まったく新しい経済状況が生まれたとする発想だ。これまでの経済学はこの新しい経済には適用できないとする説も登場したが、今回のグレートリセット直前の最高値付近でも、そうした極論が登場することだろう。しかし、そうした極論が後の崩壊時に否定されるのは言うまでもない。極端な説が当たり前のように世間で語り出されたら要注意とも言える。

ＩＴバブル以前のことになるが、ＦＲＢは当時のグリーンスパン議長のもと、１９９８年の米ヘッジファンド大手ＬＴＣＭ（ロングターム・キャピタル・マネジメント）の危機を受け、98年9～11月の3カ月間で政策金利を5・50%から4・75%まで引き下げた。その後は翌99年6月から利上げを再開し、2001年1月までに6・50%まで引き上げることとなった。つまり、ITバブルが変調をきたし始めた当初はむしろ景気過熱を抑えるため利上げを続けていたわけだ。しかし、2001年に入ると引き続き株価が下落するなかで実体経済も減速。これは非常にまずいということで、そこから急激に金利を下げていった。2001年9月11日には米国同時多発テロ事件も起きて、株価が急落し、政策金利の引き下げにも拍車がかかった。結局、2003年から2004年にかけて政策金利は1・0%に据え置かれたのだが、実はこのときの長すぎた低金利政策の維持がその後の住宅バブルを生み出す〝温床〟となった。

住宅バブルの成り立ちには低金利のほかに法律の制定も関連があろう。もともと米国では1930年代の世界大恐慌を契機に投資銀行と商業銀行を分離する「グラス・スティーガル法」が制定され、預金業務を行わない投資銀行と商業銀行とは明確に区別されていたが、80年代以降は規制緩和により両業態の垣根は低くなっていく。1999年になると商業銀行・投資銀行・証券会社・保険会社の統合ができる「グラム・リーチ・ブライリー法」が制定された。これで米国は実質的に金融の壁を壊したのだった。私が勤務していた外資系銀行でもこの法律を機に、それまで施錠されて行き来が不可能だった証券会社との内扉がある日突如として解錠され、自由に行き来できるようになった。まさに壁がなくなったことを実感した瞬間でもあった。

　こうした規制緩和がその後の証券化商品の市場の急速拡大へと繋《つな》がっていき、リーマン・ショックのルーツとなる。2000年代になると自由度が増した金融機関がサブプライム・ローンをはじめとする劣悪な債権を証券化した金融商品を積極的に売り始め、それらは世界中でバカ売れした。その当時、竹中平蔵氏などは「米国の金融はものすごく儲《もう》けている。日本もこれをやらない手はない」と言っていたが、どう考えてもあらゆる債権を味噌も糞《くそ》も一緒にしてしまうこの手法は、完全にアウトであった。

　要は詐欺だった。1円にもならないものを商品化して売り出したわけで、とんでもないことであった。そのインチキ金融商品に米国の格付け会社がこぞって最も信用力のあるAAAの評価を与えた。つまり米国の金融業界が総ぐるみで、ある種の投資詐欺をやったわけである。こうした動きに対して、2004年にはFBIですら「このような金融商品は詐欺だ」と警告していた。しかしながら、そこまで言われてもなお、強欲にまみれた人々は怪しい金融商品を買いまくった。

その後は周知の通り、当時投資銀行では5位だったベアー・スターンズ、4位のリーマン・ブラザーズが破綻。業界3位のメリルリンチはバンク・オブ・アメリカに救済合併され、業界1位のゴールドマン・サックス、2位のモルガン・スタンレーは銀行持株会社へ移行した。こうした合併や移行を可能としたのが、2010年7月にオバマ政権下で包括的な金融規制の強化として制定された「ドット・フランク法」であった。

結局のところ、リーマン・ショックを起こしたリーマン・ブラザーズとベアー・スターンズはスケープゴートであった。なぜ金融機関が破綻したときに税金を使って処理するのかと世間から攻撃されないよう、2行だけを潰して「金融恐慌だ！」と大騒ぎをする。その一方で、他の大手金融機関には政府が公的資金を注入して救済したのである。

その際、投資銀行の形を捨て、商業銀行になれば救済の道は広がる。SEC（米証券取引委員会）の監督下に置かれる投資銀行では無理だが、FRBの規制・監督下の商業銀行なら資本注入が可能となるからだ。FRBの規制・管理下になるために厳しい規制のもとに管理されることになる、だから公的資金の注入も正当化される、といった法律が必要だったわけだ。国民からの批判も最低限に、ある意味スムーズに金融業界の再編や移行ができた。金融機関へと注入された金額は最大7000億ドル（1ドル130円換算で91兆円規模）に上ったはずだが、本来、政府や当局がなすべき最も重要なことは、救済のみでは不十分で、各金融機関の経営者の責任を厳格に追及することだった。にもかかわらず、彼らはそれをしなかった。

リーマン・ショック時の問題を解決しないまま、つまり清算しないまま、いまに至っている。それゆえに、今度クラッシュが来るときには、これまで出し切っていない膿《うみ》までも出すことになる。そうなれば前回のバブル崩壊以上の打撃となろう。

すなわち、NYダウが4万ドルまで上昇、その後はリーマン・ショックの際の株価のボトム6500ドルでは収まらず、非情なるマーケットはさらにその値を突き抜けるかも……、とのシナリオとなる。

当時FRB議長として本来するべき破綻処理をきちんとせずに銀行を救済したベン・バーナンキは、なぜノーベル経済学賞を受賞できたのか。

彼は「ヘリコプター・ベン」と言われ、ドルをばら撒《ま》いただけの人だったのに。

## ■ 2024年に向けて強い相場は懐疑のなかで育つ

時間軸の側面から捉えると、2024年の米国発バブル崩壊後、米国は〝失われた20～30年〟を経験するはずだ。真綿で首を絞められるがごとく、米国経済は長い不振期を過ごすことになるだろう。日本が不動産バブルから株式バブルを経験して1990年にトップアウトしたあとの動きとほぼ同じ苦境を、米国は歩む運命にあると思われる。

しかしながら、我々は迫り来る史上最大最後のバブル崩壊に怯《ひる》んだり、畏《おそ》れたりする必要はない。なぜならあとで詳述するが、バブルがピークアウトし崩壊を始めた比較的早い段階でそれを伝える〝お知らせ〟が株式のチャート上に出現するからだ。したがって、そうしたシグナルが出てくるまでは買い、シグナルを確認してから売っても切り抜けられる。

**米国のバブルがピークを付けるのは**、第2章で指摘するように、**2024年11月の米国大統領選前後となる可能性が高いと考える。**おそらくこのタイミングを違《たが》えることはないだろう。ただ、その後「何かおかしいぞ!?」という声がマーケットに響き始めてから動き出すのではもう遅い。その頃の相場は真っ逆さまとなっているからだ。

２０２２年に入ってからのＮＹダウの調整は、３万６９００ドルから２割程度の下落であった。２０２２年後半のマーケットは総弱気のセンチメントで、ポジション（未決済の建玉《たてぎょく》）は相当なショート（売り持ち）になっていた。

ここから２０２４年に向けてＮＹダウが上がり始めても、おおかたの人たちは疑心暗鬼に陥るはずだ。

「強い相場は懐疑のなかで育つ」という相場の格言があるが、２０２２年の秋以降はそうした時期に突入した。例えば皆一様に強気になると、つまり誰もこれ以上買うことができなくなるほど買いが膨らむと、相場がさらに上伸する力が育たない。これではバブルの吹き上げ（相場が高騰し、急に異常な高値を付けること）とその後のクラッシュで一儲けをしようとするプレーヤーは困ってしまう。教科書的にはＦＲＢが金利を上げて、ＱＴ（Quantitative Tightening＝量的引き締め）をすると、低金利を前提としていた株式を中心にプラス材料がなくなり、株を持っている場合ではないと投資家は判断する。実際に２０２２年はＦＲＢの急速な利上げを受け、米株価は軟調に推移することになった。ただ、一部の先見の明を持つ投資家にとってはこうした上昇局面のなかで起こる急落は「しめしめ」といったところだろう。皆が弱気になり、市場でショート・ポジションが膨らめばこそ次なる急騰の大きな原動力となるからだ。

　言い添えておくと、先刻の格言「強い相場は懐疑のなかで育つ」は著名投資家ジョン・テンプルトン卿（１９１２～２００８年）の言葉で、全文を紹介すると「強気相場は悲観のなかで生まれ、懐疑のなかで育ち、楽観のなかで成熟し、陶酔のなかで消えていく」というものだ。これは株式市場について、多くのマーケット参加者が悲観的になっているときこそが買い場であり、逆に楽観的になっているときこそが売り場である、と教えてくれる。２０２３年初頭の時点でさえ、ＮＹダウの株価はリーマン・ショック時の底値の５～６倍に暴騰しており、これはとうにバブル状態になっている。したがって、これがさらに上昇して破裂するなら、基本的には２００８～２０１０年の６５００ドル前後まで下げる「全戻し」が想定される。もしくはオーバーシュートしてそれ以下にまで下落していくかもしれない。それが相場の道理というものでもある。

　さてここからは**主に株式市場の天井においてにだけ現われる暴落のサイン**「**大勢**《たいせい》」を紹介していく。為替などは動きが速く「大勢」の出現を待っての取引では到底間に合わないため、指数での利用をメインと考えてもらえればと思う。

## れた「大勢」チャート

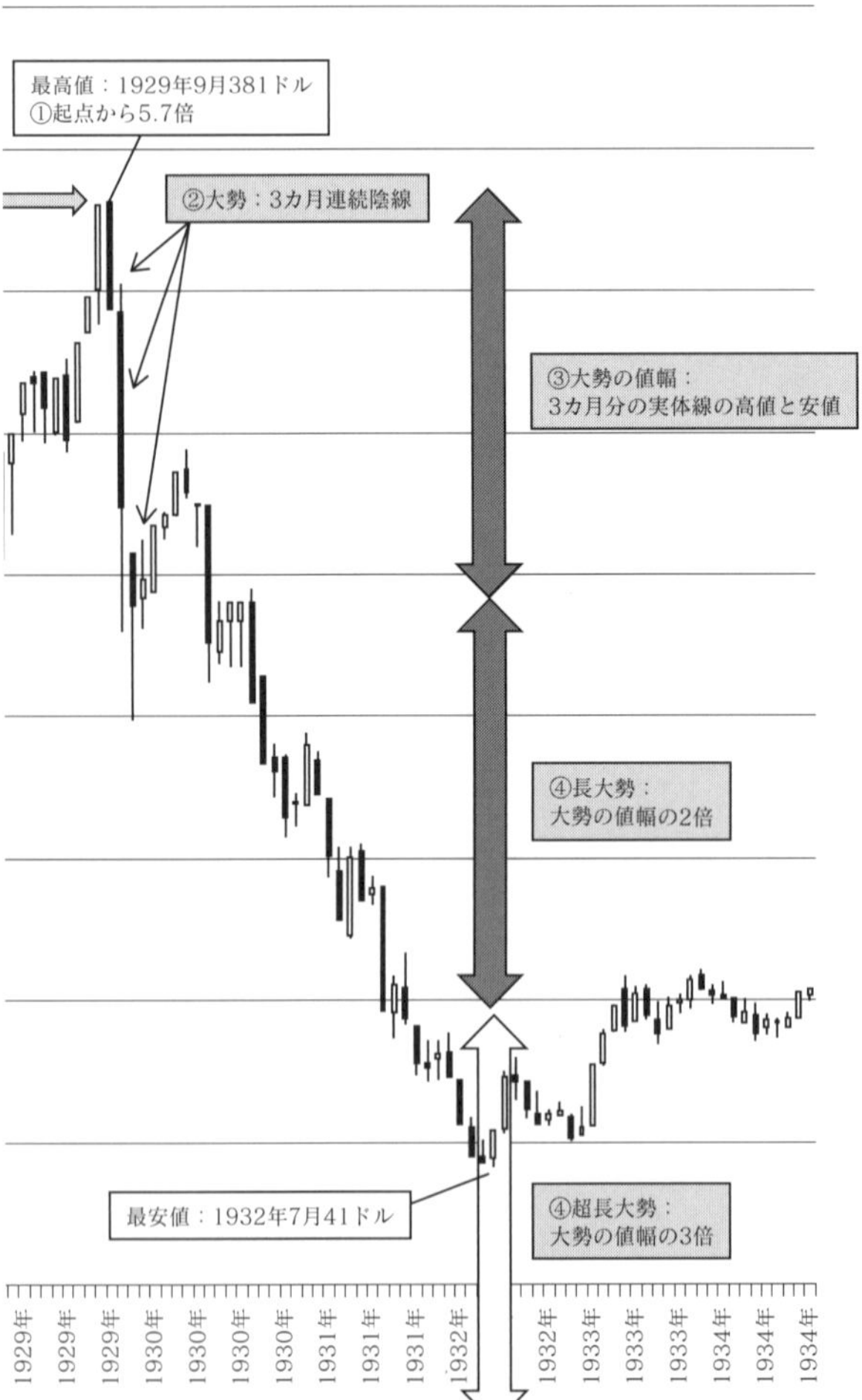


出典：Bloombergのデータをもとに著者作成

## 図表1-2　NYダウ（1921～1934年）において、その頂点で現

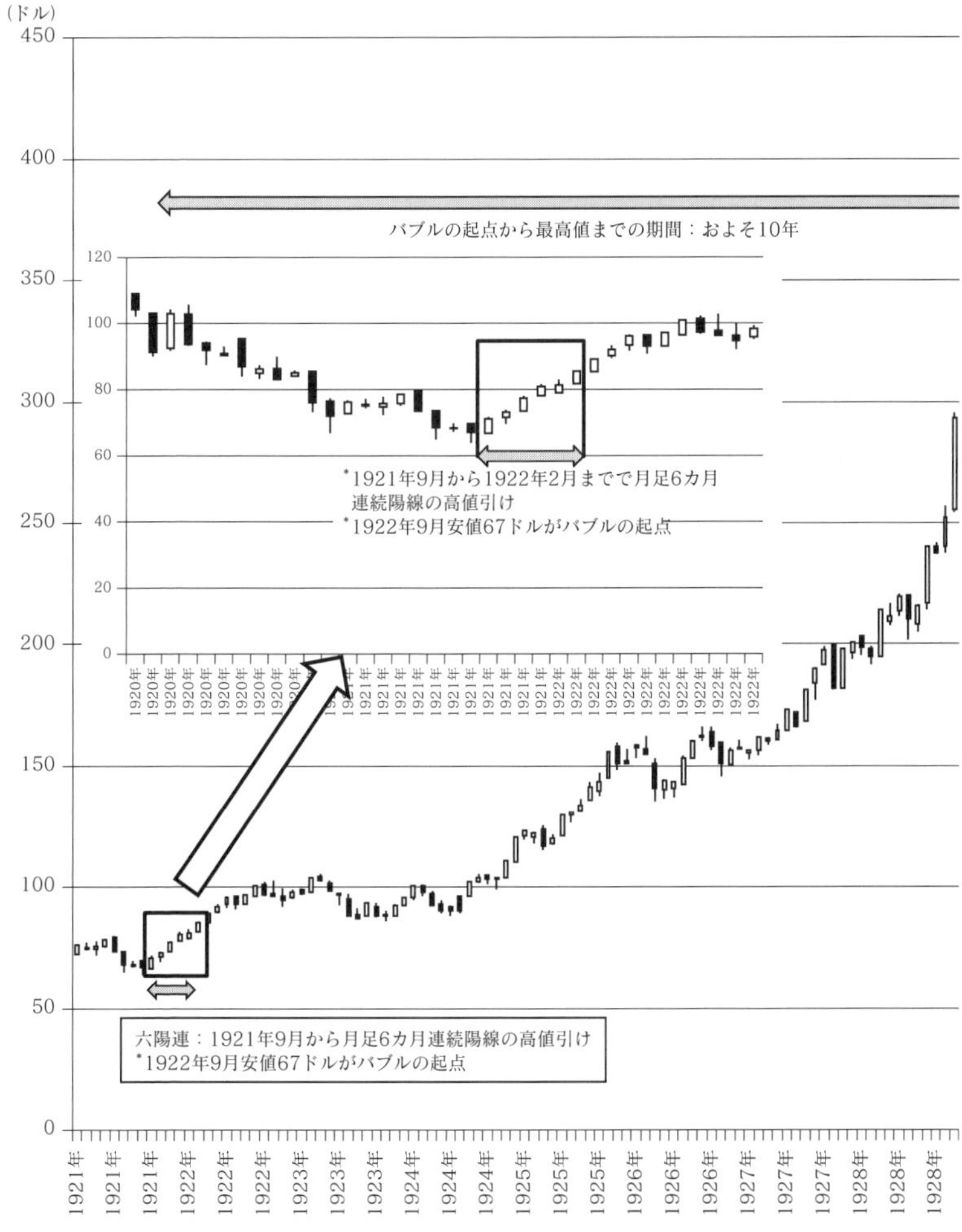

バブル崩壊や証券不祥事も含め、戦後日本の株式市場が辿《たど》った軌跡について書かれた『ザ・ハウス・オブ・ノムラ』（アル・アレッツハウザー著、佐高信監訳、新潮社、１９９１年）に登場する伝説の相場師、吉田虎禅《こぜん》はこの「大勢」チャートの研究者として名高い。80年代後半の日本のバブル時、皆が強気だった際に唯一〝相場反転〟を予想したのが吉田虎禅だった。おそらく現在の株式相場関係者で彼を知る人は稀有《けう》だろうが、彼ほど日本株の定則を理解する人物はいないはずだ。

「大勢」の示現はバブル崩壊、株価暴落のサインとなるが、その具体的な前提条件・確認方法および使い方は次の通りとなる。

① バブルの起点から8~10年かけて5倍以上のレベルに価格が到達していること
② **頂点（臨界点）から3カ月連続して月足が陰線となること。この3カ月連続陰線が「大勢」のサイン**となる
③ ピークを含む3カ月間の月足のひげは無視し、**実体線の部分での3カ月間の高値と安値の値幅を算出**
④ この**3カ月分の値幅を2倍したところが「長大勢」で下値の一つの目途**となる。さら

**に3倍の「超長大勢」**となる場合を想定すると、**頂点から最悪10分の1**あたりが下値の目途となる

その典型は1929年のNYダウだ（図表1-2）。1929年の7月から9月までの3カ月、バブルがピークを迎える最後の吹き上げとなったが、3カ月間の上昇分は10月で帳消しとなった。3カ月連続で陰線が出現、下落を開始して3カ目の11月に「大勢」が完成した。ここでバブル崩壊が確定となり、3年後の1932年にはピークの381ドルからおよそ10分の1（41ドル）まで暴落、「超長大勢」ゾーンに突入した。

それに倣ったのが1990年1月、2月、3月と月足ベースで3カ月連続安となる「大勢」チャートを示現した日経平均（最高値1989年12月＝3万8915円）である（図表1-3）。日経平均も「長大勢」から「超長大勢」ゾーンに入り込み、2008年10月に6994円で底入れとなった。余談ではあるが、吉田虎禅は1987年10月から12月にかけて、日経平均が2万6600円台から2万9000円台まで下落、月足3カ月連続陰線の「大勢」が出現した際に「売り」を推奨した。その後も1989年まで株価が上伸したため「虎禅は相場を外した」と揶揄《やゆ》されたのだが、その後のバブル崩壊と長らく続く低迷期を見れば、結

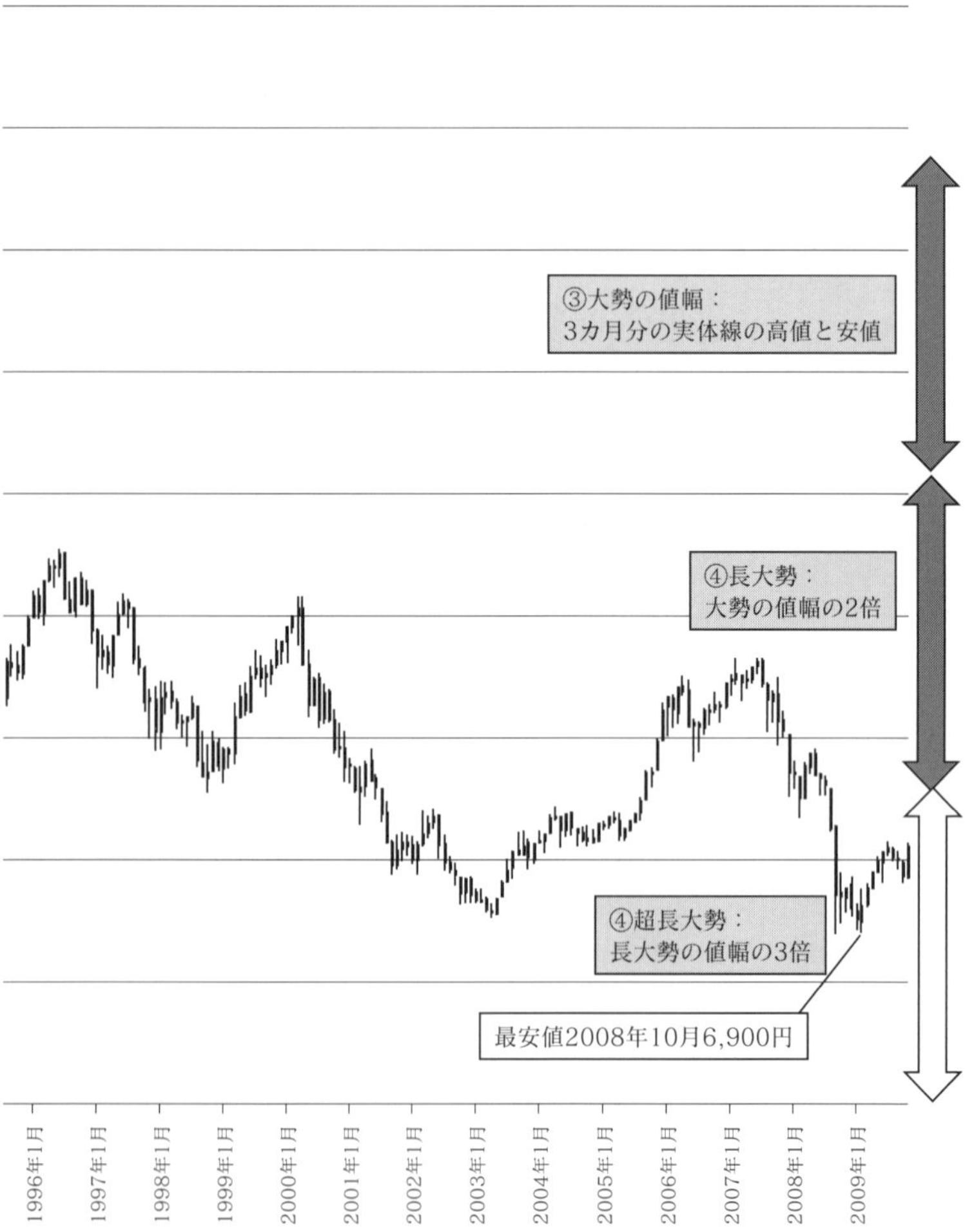

出典：Bloombergのデータをもとに著者作成

## 図表1-3　日経平均株価（1982～2009年）

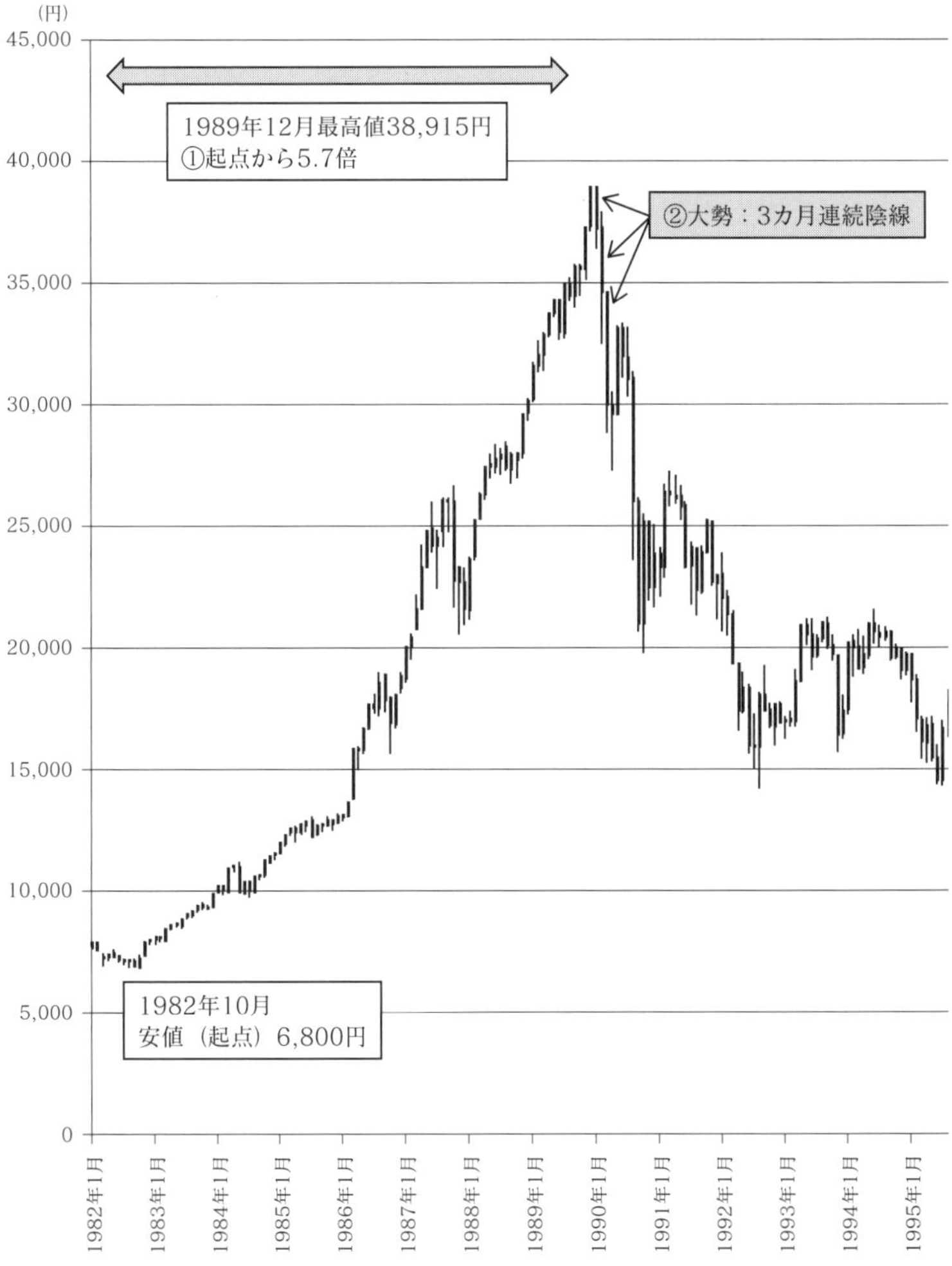

果的に「売り」は正しかったと言えよう。

あえて**今回のバブルが破裂する価格の目安を挙げると、ＮＹダウは３万５０００ドル以上、Ｓ＆Ｐ５００は４５００以上、一蓮托生《いちれんたくしょう》となる日経平均は３万円以上となるのではなかろうか。**これを超えたら「毒饅頭《どくまんじゅう》」ゾーンだ。食べたら死んでしまうのだが、皆こぞって食べにいくのが相場の恐ろしいところだ。

グリード（強欲）な投資家たちが「毒饅頭」を食らわなければ相場は落ちない。「毒饅頭」を食らわせるために、米国市場の主導的なプレーヤーたちは様々な手段を使ってお膳立てをしてくる。

最高のギャンブラー、スペキュレーター、投機資金、そして実需、年金資金、投資資金も全て、所詮、彼らにとっては餌食に過ぎない。飽くなき熱狂をはるかに超えて、１００年近く上がり続けてきた世界最大の賭場である米国株式市場は、やがて臨界点へと向かっていく。

そのためにはドル高は不可欠の条件だ。とりわけ潤沢な日本マネーを吸収したいので、米国への投資を仕向ける。

バブルの絶頂期より少し前までには、ＦＲＢはインフレ収束に向けた利上げも完了しているだろう。２０２４年の大統領選の時期に利上げをすることは、再選を目指す現職大統領にとってはナンセンスでもある。

現状、米国はブルマーケット（上昇相場）で、日本の場合はベアラリー（弱気相場のなかの一時的上昇）。ここはまったく違う。ブルマーケットでは金利が上がっても株価は落ちそうで落ちない。逆に利下げをすればマネーが流れ込み、株価がじわじわと上がっていくので、そこをまた皆が買っていく。

２０２４年には、米国はいつでも利下げを開始できるようになっている。そして、また新たなウイルスによるパンデミックが起きても、財政出動も現金給付もいつでも行える準備を整えている。つまり２０２３年後半から翌年11月の大統領選挙に向けての時期は、米国株式市場は世界中を巻き込む〝史上最大のフェスティバル会場〟となる可能性がある。

## ■ロシアもEUも、米国に追い詰められる

実際にここにきて、全てが繋がり始めている。米国は国際政治戦略、防衛戦略、軍事戦略、外交戦略、経済戦略、為替戦略を用いて各国を追い詰めつつある。

まず為替戦略のドル高容認、つまり円安で追い詰められているのは、実は中国と韓国だ。日本の貿易上のライバルである中国は、ゼロコロナ政策で脆弱《ぜいじゃく》な国内経済にさらなる打撃を受けた。かつての超が付くほどの円高では日本の競争力が削《そ》がれ、潰されかけた。今回は対ドルで一段と円を安くし、円安・元高および円安・ウォン高にすることで日本の競争力を高め、相対的に中国や韓国の力を削ぐ作戦だろう。

第2章でも触れるが、米国の為替政策については、その政策が大転換するときも有利に使える。現状は「Strong Dollar is U.S. interest（強いドルは米国の国益）」である。1995年以降のロバート・ルービン財務長官の時代と同じ状況だ。ジャネット・イエレン財務長官は具体的には言わないまでも、米財務省の報告書を見れば実際にどうやらそのようだと確認できる。

ドル高容認政策を最終的にひっくり返すときには、米国側は「Yen is a Problem」と言ってくるはずだ。すると瞬く間にドルが暴落、30円くらいの円高なら1週間程度でいとも簡単に実現できよう。これも米国の戦略のうちとなるが、ドル高容認だったものを180度変える際には、日本は自国の貿易に有利な通貨安政策を目指しているなどと、急に日本のせいだと責任転嫁する。じわじわではなくて、急激に円高にするためには必要な措置なのだ。通常、米国の日本への借金はほぼドル建てなので、ドル高でもドル安でも、米国は支払うドルの金額は変わらないが、お金を貸した日本からすれば、円安の際に貸し付けたお金が円高になった段階で戻ってくると、受け取る円貨は少なくなる。つまり、米国は為替リスクを負わずに、ドル高のときにドル建てで借金や購買力を行使することができる。こうした商取引の際、米国側の為替ディーラーは、円安のときに日本に高いドルを売りつけ、円高のときに安いドルを買い戻すことができるので、為替差益を享受できる。これを「借金棒引き法」と私は秘《ひそ》かに呼んでいるのだが、今後気をつけておく必要がある。

それと同時に、エネルギー戦略としてのカーボンゼロ政策によって世界的に資源、コモディティ、エネルギー関連価格を高騰させ、原油・天然ガス資源に乏しいEUを窮地に追い込む。

防衛戦略では2021年、英国海軍の最新鋭空母「クイーン・エリザベス」率いる空母打撃群が英国防省主導の「ジョイント・ウォリアー（年次国際演習）」のあと、インド太平洋地域に展開、日本をはじめ40以上の国々と70以上の訓練を実施した。20年ぶりの空母打撃群のインド太平洋地域への派遣についてベン・ウォレス英国防相（当時）は、「太平洋地域において低下した英国のプレゼンスを空母打撃群を派遣することで回復させることにある」と発言していた。

それ以前のことになるが、英国は２０１５年に採用した国家安全保障戦略のなかで米国以外の国々との安全保障関係を拡大することを強調、その際に、欧州以外の唯一の「同盟国」に指定したのが日本であった。ＥＵから離脱した英国が最も重視しているのは日本との連携というわけだ。２０１７年には英国のテリーザ・メイ首相（当時）と安倍晋三首相（当時）が日英安全保障宣言と位置づけられる合意文書を取りまとめ、日英両国の関係は実質的に「パートナー」から「同盟」へと強化された。自衛隊と英国軍との交流も活発となり、「クイーン・エリザベス」のアジアへの展開はこの文書にも織り込まれたものでもあった。

つまり、「ＵＫ・ＵＳＡ＋１」の地位を米国から与えられた日本は、米国の理に適《かな》った戦略の一員となった。これはアジアでの日本の優位性の確保を目指すことにほかならない。

旧ソ連邦時代にはソ連邦のなかでも別格の重要地域であったウクライナ。現在のロシアVSウクライナ戦争は、ウクライナが米国の支援を受けることで、より大きなスケールに発展してしまうのではないか。ウラジーミル・プーチン大統領としては、これ以上の屈辱を許せるはずはなかろう。

米国はお構いなしにロシアとＥＵ間、特にロシアとドイツとの間に楔《くさび》を打ち込み、ＥＵ全体をウクライナ戦争に巻き込むつもりなのだろう。「ウクライナ戦争を座視するな！　カネと武器でウクライナを支援しろ！　ＮＡＴＯ（北大西洋条約機構）に加入させろ！」と強調する。と同時に、同じ西側といえども米国に歯向かう国は許さないとするスタンスを前面に出して、ＥＵの力を削いでいくのだろう。

こうして考察を重ねていくと、世界で唯一、〝本物〟の作戦参謀が存在する米国の戦略がいままさに計画通りに進んでいると言わざるを得ない。よって、米国のＥＵに対する為替戦略もドル高・ユーロ安戦略となる。ロシアからドイツにガスを送る海底パイプライン「ノルド・ストリーム」が破壊されることはＥＵ経済にとっては直接的・物理的な打撃だが、エネルギー資源を輸入に頼るＥＵにとって輸入物価高騰に繋がるユーロ安もまた間接的ではあるが相当の打撃となる。ユーロがいくらあがいても頭を押さえ込み、一時、１ユーロ＝１ドルのパリティ（等価）を下抜けした。今後さらに一段のユーロ安が進むとなると１ユーロ＝０・８ドル近辺というユーロ発足以来の最安値が見えてくる。ＥＣＢ（欧州中央銀行）は足元のインフレを受け政策金利を引き上げるなどして懸命に時間稼ぎをしている様子も伝わってくるが、徒労に終わるのであろう。ユーロは黄色信号ではなく、すでに赤信号が灯《とも》っている。これが実状である。

これらは全てこの1、2年で世界最大の賭場、米国市場に史上最大規模のマネーを吸収していく史上最大の作戦に向けての下準備にほかならない。

## ■ 地球温暖化問題に潜むインフレの罠

世界の政治が大きく動くとき、「脱炭素、クリーンエネルギー社会へ」「化石燃料を廃止」など世界中の人々が誘い込まれる甘美な言葉が用意される。だが、その後にとんでもない窮地が待ち構えている。

地球温暖化問題からカーボンゼロへ、脱炭素政策を強硬に推し進めていくと同時に、世界では何が起きているのか？　それを考えてみると、透けて見えてくるものがある。

再生エネルギーである風力やＥＶ（電気自動車）、太陽光、地熱、中小水力、ソーラーパネル、バイオマスなどを野心的に導入する「パリ協定の実現」といった図式は理解できる。そして、米国はグリーン経済への移行を唱え、実際にはただ気に入らないという理由から、化石燃料開発への資金供給をストップした。

そして忘れてはいけないのが、過去40年におよぶ米国史上かつてなかった〝超長期〟にわたる金融緩和政策と財政政策である。

米国の政策がもたらしたインフレの証拠が「WTI原油先物取引価格」と「欧州の天然ガス価格」のチャートである（図表1-4）。どちらも2021年からぐんぐん上昇してきた。これはつまり、2021年2月、米国がパリ協定に〝正式復帰〟してからのことだった。

これが2022年になってから上がってきたのであれば、ウクライナ紛争がインフレの原因と決め打ちができるのだが、現実にはそうでないことがわかる。

ただ単に化石燃料を嫌うがために、マネーの流れをストップしたのだ。原油採掘企業が稼働できなくなった結果、原油の供給が滞ってしまった。ないものねだりで原油価格が高騰すれば、ガソリン価格も高騰し、波及効果から天然ガス価格も高騰する。すなわちエネルギー価格全体が高騰する構造となる。想像する以上に物価は高騰し、超インフレになるのは必定と言えるだろう。しかし、たとえEU諸国を筆頭に、世界中がエネルギー資源価格の高騰で苦しんだとしても、表には決して出てこないだろうが、おそらく向こう200年分のシェールオイル、シェールガスを蓄えているであろう米国は痛くも痒《かゆ》くもない。

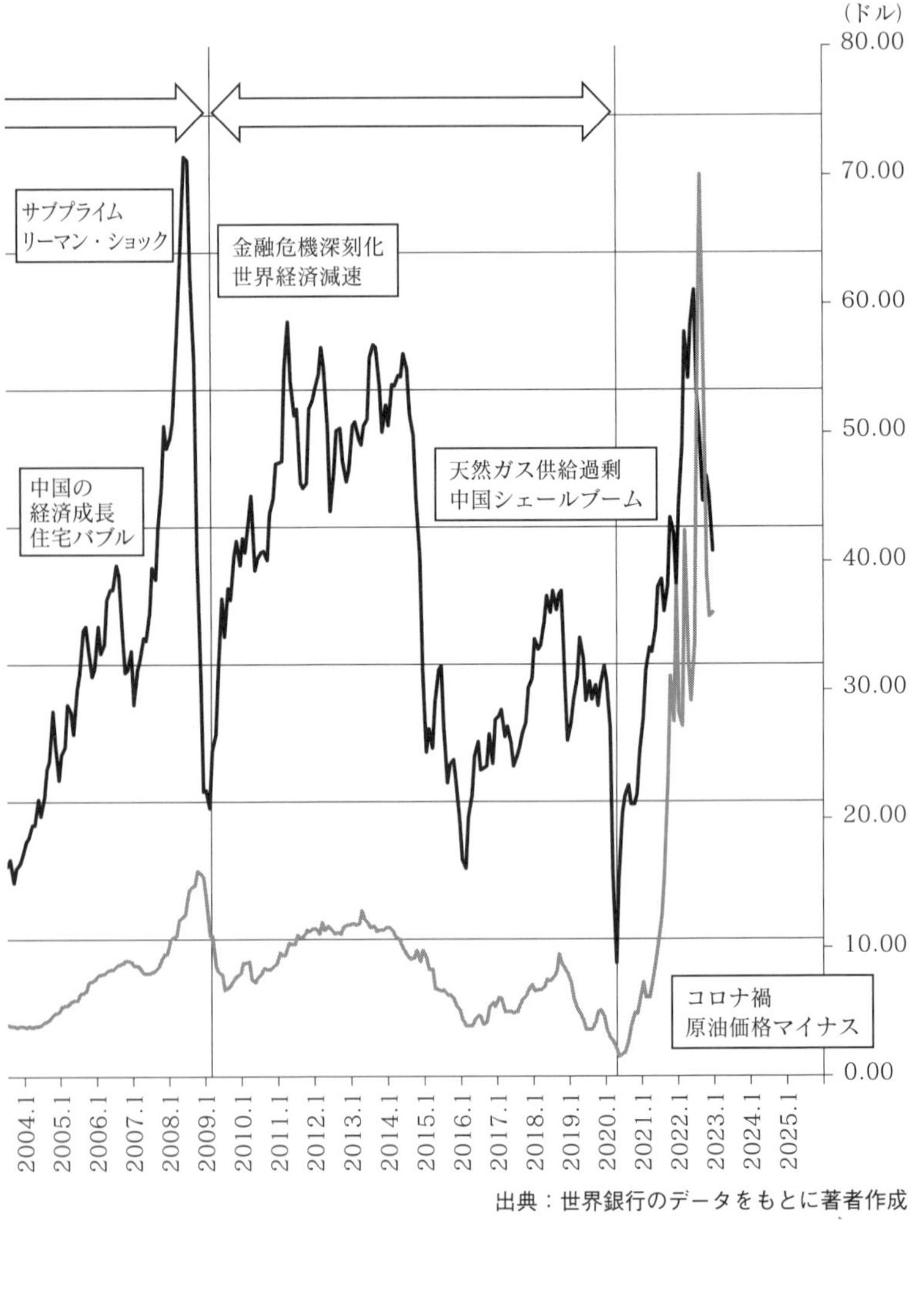


出典：世界銀行のデータをもとに著者作成

## 図表1-4　WTI原油先物取引価格と欧州の天然ガス価格

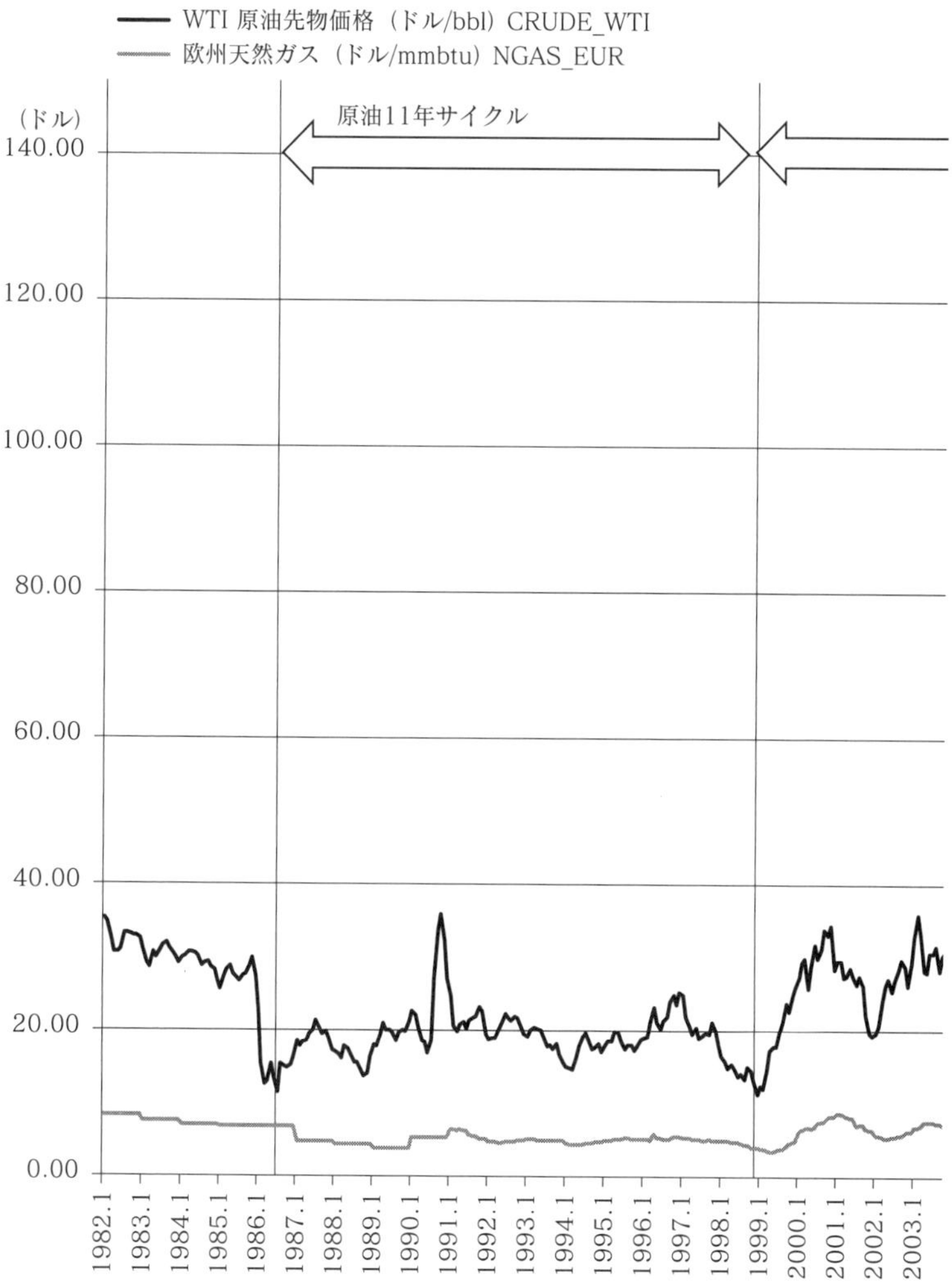

今回の原油高は明らかに〝供給サイド〟の問題である。したがって各国政府が財政出動して補助金を大盤振る舞いしたところで、さらにモノの値段が上がるだけだ。モノがない以上到底解決できない。石油業界は何をしているのかと世界中が非難しても、サプライチェーンの大元のところでストップしているのではどうしようもなく、その元凶は実は米国なのである。

なお、天然ガスの輸出法は二つあり、日本がメインとしているLNG化した天然ガスをタンカーで運ぶやり方と、ドイツがロシアから調達しているようにパイプラインを通すやり方である。費用的にはパイプラインのほうが圧倒的に安上がりで済む。

ロシアのEU各国への天然ガスの輸出は、ほぼ全てがパイプラインによるものだ。それを止めればEU諸国は困窮するが、同時にロシアも顧客を失うという意味では、ロシアへの経済制裁になりうる。だが、いまのところそれを敢行する国はない。とりわけロシアへの天然ガスの依存度が55％と高いドイツは、冬場の需要増を考えるとどうしても二の足を踏まざるを得ない。

## ■コモディティ価格の上昇とゴールド相場からの警鐘

２０２４年末以降に世界恐慌が起こる際に、コモディティ価格はますます上昇していくのではなかろうか。なかでもゴールドは圧倒的な高騰を見せるのではないか。ここからは、そう予測するに至った背景を説明しよう。

これまでゴールドは世界が危機的状況に陥ったときに買われてきた。例えば米国内で起きた９・11（米同時多発テロ事件）など大国を揺るがすようなテロ事件。サブプライム・ローンが端緒となり発生したリーマン・ショック、それがトリガーとなり招いた世界的な金融危機。最近ではロシアのウクライナ侵攻等々。

２０２４年に史上最大にして最後のバブルがバーストして、世界が１９２９年に始まった大恐慌時代に逆戻りするならば、つまり米国発で再び世界恐慌が起こるならば、ドルの信認失墜やリスク資産の回避から、向こう20年から30年、ゴールド価格が上昇し続けることもあろう。

となればゴールドを筆頭に貴金属相場、エネルギー資源、商品相場、穀物相場、コモディティ価格も高騰していくことになる。実はゴールドの価格は２００１、２００２年頃からぐっと上がり始めている。というのも１９８０年に高騰したレベルから20年におよぶ下落トレンドの調整期間を経て、上昇過程に入ってきたのだ。２０００年頃から頻発しだしたのが各地のテロ事件だった。世界情勢の不安を機にじわじわと安全資産であるゴールドにマネーが流れてきた。

ゴールドを持つ最大のデメリットは金利が付かないことだ。したがって、ＦＲＢが２０２２年中にインフレ退治という名目で利上げを実施した際にゴールド価格は相当下落してもおかしくはなかった。しかし、実際には急激な利上げ局面であったにもかかわらず、ゴールドは非常に底堅い動きをしていた。

なぜ下落しないのか？　この底堅さは、今後もゴールド価格が上昇する「狼煙《のろし》」の可能性があることをまず指摘しておきたい。ドル高の次に来るのはゴールド高だ。２０２４年暮れに到来する史上最大にして最後のバブルが崩壊することをゴールド相場が見通していると言ってもいいかもしれない。

ドル高の次になぜゴールド高が来るのか？　世界の金主《かねぬし》の総本山とも言えるＦＲＢが金利

を上げてドル高にしておけば、金利の付かないゴールド価格は抑え込まれる。世界の金主たちがこの先の暴騰を前に、なるべく低い価格でゴールドを買って在庫を仕込むためのアシストのように見えてくるのだ。

さらに踏み込んだ考察をすると、現状は紙幣とは何かをゴールド相場が問いかけているとも言えよう。1800年代後半の、金属そのものに価値のある金、銀、銅などでできた硬貨でモノを売買する時代から、ゴールドを裏付けとして発行されたドル紙幣による兌換《だかん》紙幣の時代になった。その時代において米国政府は無尽蔵にドル紙幣、国債を刷ることはできなかった。

そして1971年8月、突如として米国はゴールドとドルとの交換を停止すると宣した。いわゆる「ニクソン・ショック」である。実物資産の裏付けのない不換紙幣の時代の到来だ。以降、米国を筆頭に世界的な規模で、各国中央銀行は輪転機をフル回転させ、紙幣を刷りに刷りまくってきた。

供給サイドにある現物資産がさほど増えないなか、需要サイドには現物資産の価値よりもはるかに膨大な量の金融資産が存在するならどうなるか。金融資産であるキャッシュがジャブジャブにあっても、現物資産であるゴールドが圧倒的に不足すればその価格がおのずと高騰していくのは必定である。

ゴールド相場からの警鐘は、全世界的なインフレリスクの継続と現在の危機的な通貨体制に向けられているものと考える。

## ■米国が描く借金棒引きへのシナリオ

ニクソン・ショック後から1980年にかけて、ドルはゴールドに対して急激に減価した。通貨の価値が棄損された分、ゴールドが高騰したのだった。

1920年あたりから2022年現在までの約100年で、この間の金利をまったく考慮しない場合には、世界の主要通貨はゴールドに対して97%から99%もの価値を失ったと言われている。要は、通貨としての価値が相対的に低くなったのだ。各国・地域の法定通貨は限りなく〝紙〟に等しくなった。

現在、ゴールドの価値は1トロイオンス（約31グラム）＝1850ドル近辺を推移している（2023年2月15日現在）。

ニクソン・ショック以前はゴールドとドルの交換が1トロイオンス＝35ドルで保証されていた。割り算をすると、「1850ドル÷35ドル≒52・86」となる。すなわちゴールドはニクソン・ショック以降、52・86倍になっているわけだ。ゴールドの裏付けがあったときの1ドル紙幣と現在の1ドル紙幣の実質的価値は52・86分の1。ということは1・89％の価値でしかない。

実はサブプライム・ローン事件が表沙汰になる前の2006年から、金融部門から経済全体に供給されている通貨量のうち、より広義の集計となるM3（現金通貨＋預金通貨＋準通貨＋譲渡性預金〈CD〉）の公表をFRBはしなくなった。それゆえ、M3のデータは民間推計しかないのだが、公表できないほどの天文学的数字に至ったと勘繰るしかない。

端的に、ニクソン・ショック以前は、米国政府は無制限にバランスシートを拡大することはできなかった。逆にニクソン・ショック以降は、FRBはそうした軛《くびき》から解放され、ドルはゴールドの裏付けがなくなり、為替市場では変動相場制へと移行した。

これまでのゴールドの採掘総量は約15万5000トンで、50メートルのオリンピック公式プール3杯分程度とされる。地球に埋蔵されているゴールドは残り約5万4000トン程度といわれており、こうした希少性がゴールドの価値を保つ理由となっている（図表1-5）。

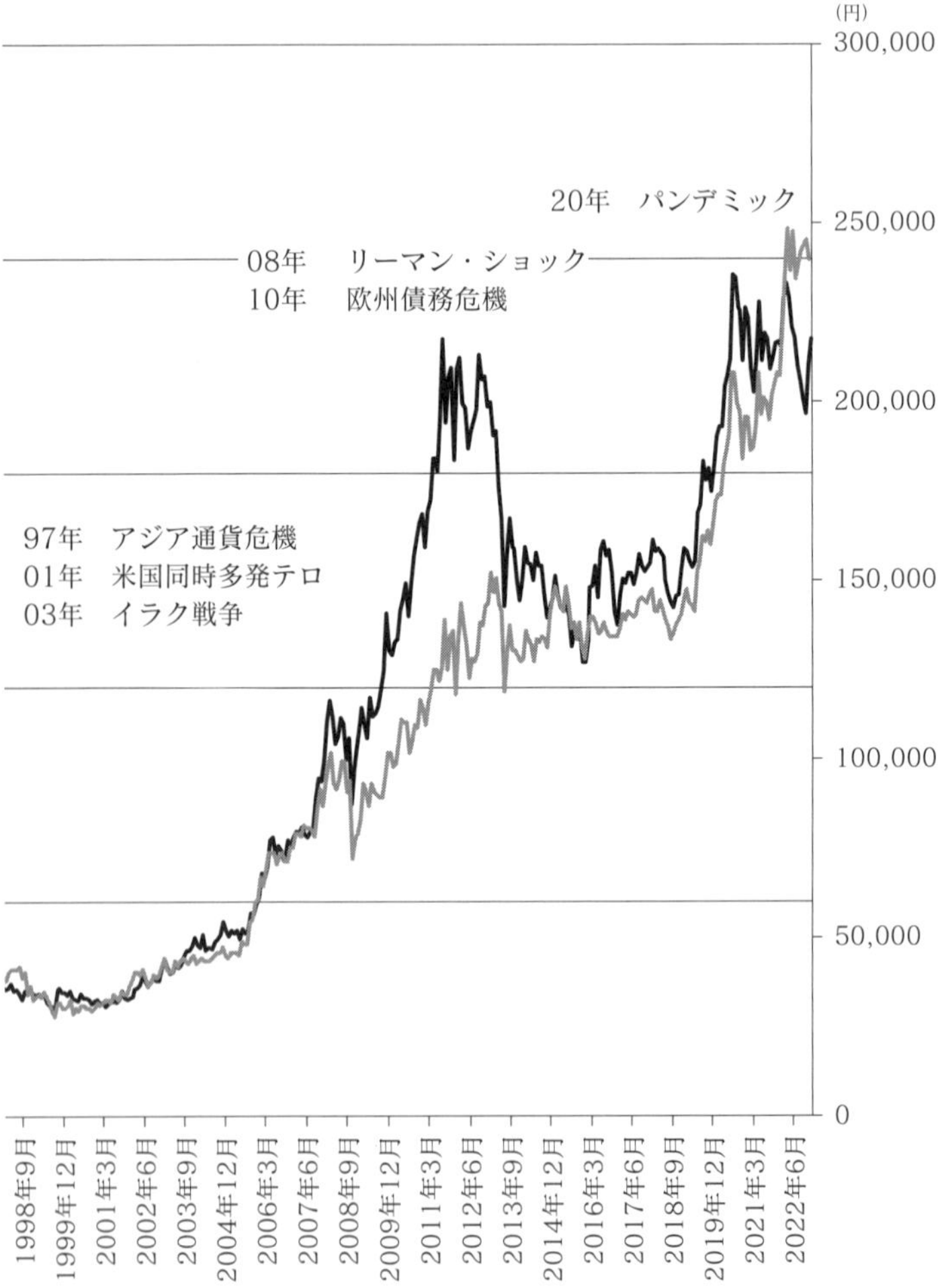


出典：ワールドゴールドカウンシルのデータをもとに著者作成

## 図表1-5　ゴールド（1トロイオンス）の長期チャート

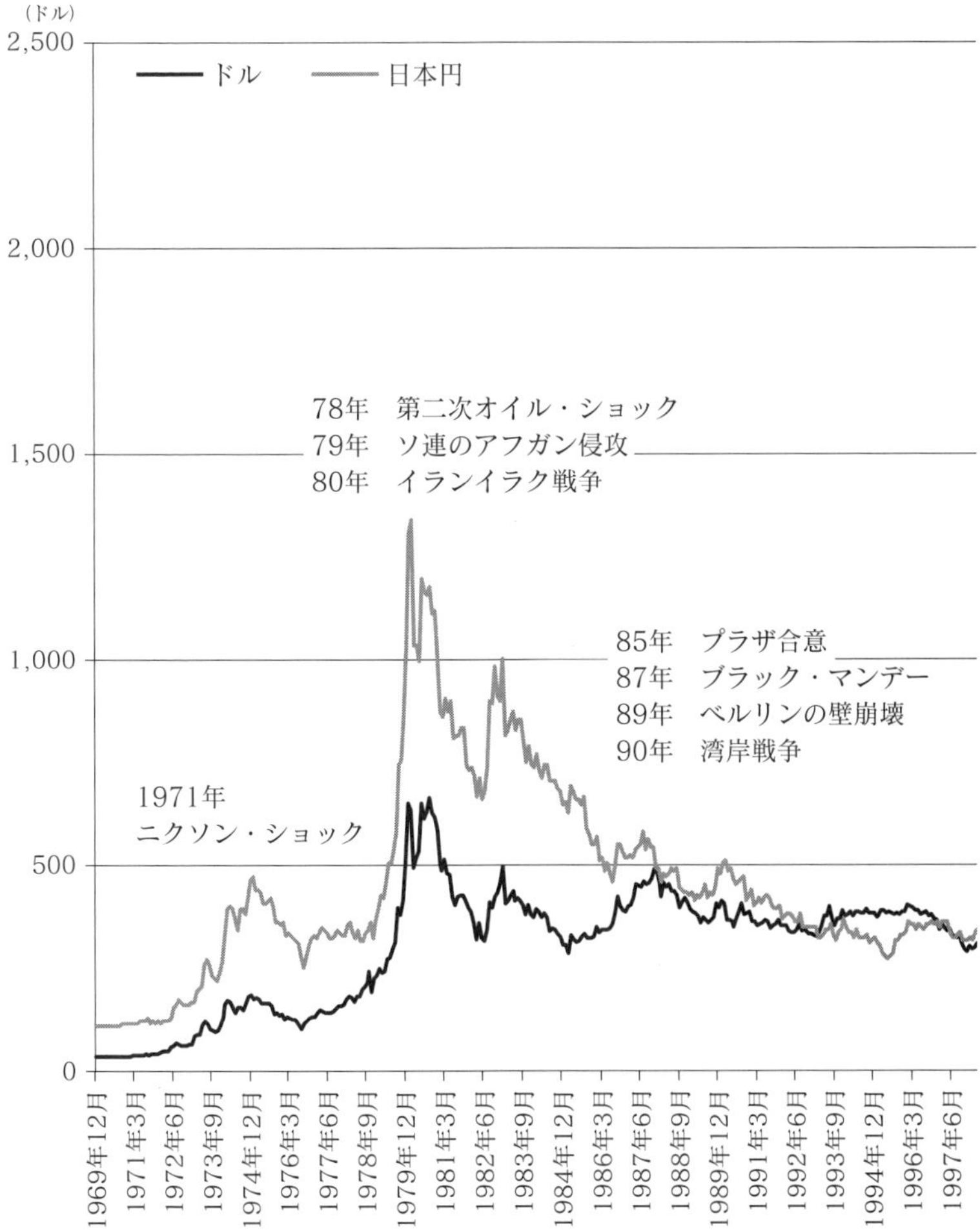

中央銀行が発行した紙幣と同額のゴールドを保有し、いつでも交換することを保証するのが金本位制だ。ゴールドは通貨だけにとどまらず、工業用や装飾品など様々な用途で使われることも考えると、経済規模が拡大し紙幣の発行が増えるなら、中央銀行が確保できるゴールドの量は限られてくる。

ドルの発行額に応じたゴールド確保が必須の金本位制では貿易収支が赤字化すると、つまり対外的な支払いが増えると、米国から海外へとゴールドが流出することになる。実際、70年代までに米国が保有するゴールド以上に、大量にドル紙幣は世界で流通するようになった。それでも現実的に貿易のやり取りが可能だったのは、ドルとゴールドとの兌換を米国に対して貿易相手国が求めなかったからでもある。

別の言い方をすると、このまま金本位制を維持すれば、米国から特に第二次世界大戦後復興してきたドイツやフランスへと米国のゴールドが大量に流出する恐れがあった。しかし、たとえ発行したドル紙幣に見合うゴールドがなくても、ドイツやフランスがドルとゴールドとの兌換さえ米国に要求しなければ、ペーパーマネーのままでも経済が回っていくことが70年代までにわかってしまったのだ。そうした流れを経て、ドルはゴールドの保有量とは関係なく中央銀行の管理の下、自国の経済に見合った貨幣を発行する管理通貨制度に移行された。

現在の貨幣学的な見地から論じるならば、別にゴールドの裏付けがなくとも、信用創造により通貨量を拡大しても構わない。そうしたコンセンサスが出来上がっている。

けれども、皆ある可能性を忘れてはいないだろうか。もしも突然、金本位制に復帰するというような話になったとき、価値の大転換が起こるのは必至だということを。公的機関のゴールドの保有量において、米国は８１３３・46トンと、いまでも世界でダントツのトップなのだ。２０２２年12月現在、イタリア２４５１・84トン、フランス２４３６・75トン、ロシア２２９８・53トン、中国１９４８・31トン、ちなみに日本は８４５・97トンにとどまる。再び金本位制に移行したときにいちばんメリットを得られるのは、世界最大の保有量を誇る米国となるのではないか。

これはあくまでも仮説に過ぎないが、どこかの時点で米国は自らが抱える兆を超えた京単位の天文学的な借金を棒引きにするため、〝ガラガラポン〟を断行しなくてはならない。つまり、いまある借金を全てご破算にする。そのためには、本書で取り上げるような米国発のバブル崩壊と世界恐慌を理由にするのが手っ取り早い。

世界恐慌が訪れるならば、それに伴って「グレートリセット」がなされるのは自明の理だ。その際に、ペーパーマネーから資源へと、すなわち商品本位制へと通貨制度の大転換となる可能性があり、莫大《ばくだい》な資金移動が生じる。そうしたシナリオもあるのではなかろうか。

その場合、**長期的には2024年第4四半期以降、ゴールド価格は1トロイオンス＝4000ドル以上に暴騰するだろう。その後いったん2000ドル台への調整を経て、さらに6000ドル台へと上昇する展開**を私は考えている。

棒引きの方法としては、計算上米国が抱える借金を実際に保有しているゴールドの総量8133・46トンから換算された価格にまで棒引きにする。具体的には8133・46トン（＝2億6140万トロイオンス）×1850ドル（実勢金価格）＝4835億9000万ドル、日本円に換算すると70兆1205億5000万円（1ドル＝145円）程度にまで借金を棒引きするという具合だ。ドルも米国の株式も債券も買ってもらったがない袖は振れない、振れても実際手元にあるゴールド分相当ぐらいしか支払う手立てが見つからない、とそれらしい言い訳をして債務不履行に近い減額をしてしまう。となればドルの信認は地に落ちることになろう。

これは何も特別なことではない。ITバブルのときも、住宅バブルのときも同じ方法をやってきたのだから。世界中の投資家がバブル崩壊のたびに投資資金を回収できなくなったのを思い出していただければと思う。

借金棒引き完了後、しばらくしてから今度は新たに1ドルのうち1・89％だけゴールドの裏付けをします、と部分金本位制の復活を突如米国が宣言するとどうなるであろう。その場合、かつて第二次世界大戦後に日本が新円に切り替えたように、旧ドルではなく、新ドルへの切り替えをするかもしれないし、紐《ひも》づけするゴールドの比率の多寡もその時々で変更可能だ。世界最大のゴールドの保有国である米国のドルはゴールドの裏付けにより再び価値を見出されることになろう。

そして、米国が金本位制に復活するのであれば、同盟国を筆頭に各国も追随せざるを得ない。各国からのそうした新規のとんでもないゴールド需要が長期的に見込まれる結果、ゴールド価格は上昇するイメージだ。超長期的には1オンス＝6000ドルは単なる通過点でしかなくなるだろうし、1万ドルで止まるかどうかもわからない。ちなみに、ロシアや中国は何らかのシナリオを描いてのことだと思われるが、もう何年も前からゴールドの購入を積極的に行ってきている。

かつてゴールドが1トロイオンス＝35ドルだった時代があり、その前の時代には1トロイオンス＝20ドルだった。それがいまは1トロイオンス＝1850ドルで、ニクソン・ショック前の50倍以上になっている。半世紀前、ゴールドの価格が50倍以上になることなど誰も予測していなかったが、現状の価格をいまのマーケットは普通に受け入れている。誰もおかしいとは思っていない。そう考えれば同じようにゴールドの価格がこれまでの何倍にも上昇するステージが繰り返されても何ら違和感はないだろう。

## ■上昇しきれないダウ／ゴールドレシオとNYダウとの関係

ゴールドがいまの1トロイオンス＝1850ドルレベルから、グレートリセット後に時間を掛け、トゥエンティ バガー（20倍）になったとしても、私はまったく驚かない。

ここでダウ／ゴールドレシオと呼ばれるチャートを見てもらいたい（図表1-6）。計算式は簡単だ。「NYダウ株価÷ゴールド価格」で計算するだけとなる。チャートを見てすぐに気がつかれると思うのだが、この数字は米国株式相場の上昇力がゴールド価格の上昇力よりも強ければ上昇となり、ゴールド価格よりも弱ければ下落となる。

ドルとゴールドの交換の裏付けを停止したニクソン・ショックの9年後の1980年には、ゴールド価格が高騰して1トロイオンス＝850ドルに、同時期のNYダウ30種平均株価も

**図表1-6　ダウ／ゴールドレシオの200年**

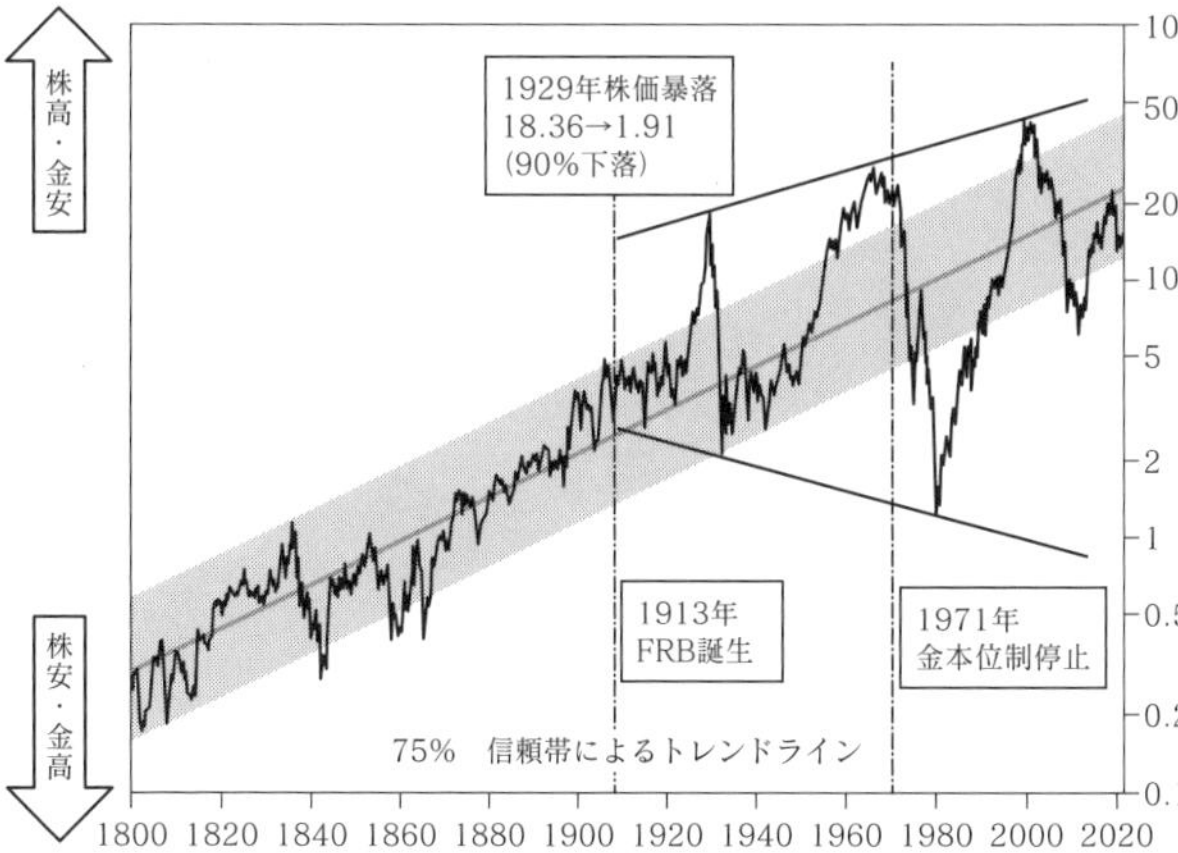


出典：goldchartsrusのデータをもとに著者作成

８５０ドルと両者がピタリと並んでから着目されるようになった。以降、ＮＹダウとゴールドの大きなトレンドを把握するのに有効な指標となってきた。噛《か》み砕いて言うと、これはＮＹダウを買うのに必要なゴールドのトロイオンス数量になる。

過去２００年間の推移を見ると、株が上昇すればダウ／ゴールドレシオも上昇、株が下がれば下落という相関関係が続いている。また、１９１３年にＦＲＢが誕生したのを境に、あるいは金本位制が停止されたのを境にして変動幅が拡大しているのが確認できる。相場が進むにつれて高値と高値を結んだ上の抵抗ラインと、安値と安値を結んだ下の支持ラインの間で、価格が展開していくチャートだ。時間の経過とともに、その上下ラインの延長線上で最高値と最安値を示現していくことなる。

このダウ／ゴールドレシオの次に来るビッグトレンドとして、下の支持線の延長線上に行き着くシナリオを考えてみる。

先にも記した通り、実はゴールド価格は２００１年、２００２年頃から長期上昇トレンドへ突入し始めた。ＮＹダウが最後のバブルで見る４万ドル近辺の高値から80％から90％の調整となった場合、仮にＮＹダウ６０００ドル、ゴールドが６０００ドルとすると、レシオは１・０となる。ＮＹダウ４０００ドル、ゴールド８０００ドルなら０・５だ。

足元の景気もよく経済成長も続きそうなら、リスク資産である株式が選ばれる。しかし、コロナ感染症が拡大してからは株が上がっても、ゴールドの価格は下がりきらず、リスク回避資産のゴールドに傾いている結果、ダウ／ゴールドレシオの上昇力には限界が見えてきた。

２０２２年末現在、ダウ／ゴールドレシオの数値は18ポイント台となっているが、例えば今後ＮＹダウが４万ドルを目指して上昇する際にレシオが上がりきらないとなれば、２０２４年以降の株の暴落の激しさとゴールド価格の上昇をなお一層、示唆していると言えよう。

「いままでとは違う。構造的な問題で変化が生じてきたのを注視せよ」というシグナルをダウ／ゴールドレシオが送りつけている可能性は高く、それ以降の衝撃もまた大きそうなのだ。

# 第2章

# いま世界経済で何が起きているのか

THE GREAT RESET

## ■円安の要因となった戦争によるドル買い

世界最大の対外純資産国は日本。それでは逆に世界最大の対外純債務国はと問われれば、間違いなく米国である。この地位は数十年変わっていない。

「主要国の対外純資産・対外純債務」の図を見ていただきたい（図表2-1）。対外資産（自国の政府・企業・個人が海外で保有する資産）から対外負債（外国の政府・企業・個人が国内で保有する資産）を差し引いてプラスなら対外純資産、マイナスなら対外純債務となる。

２０２１年末時点の日本の対外純資産は約４１１兆円で世界最大である。言い方を換えれば国外への貸し出しが世界一となるような金持ちの国なのだ。しかも31年連続して。

かたや米国は世界最大の借金大国であり、対外純債務、つまり外国に対する借金総額は世界最大の約２０００兆円になる。それでもなお、世界最強の基軸通貨たるドルを持つ米国がグローバル経済のなかで相対的に優位であるのは間違いない。

潜在的恒常的に借金大国である米国のドルは元来、為替市場で売り圧力が発生しやすいは

**図表2-1　主要国の対外純資産・対外純債務**

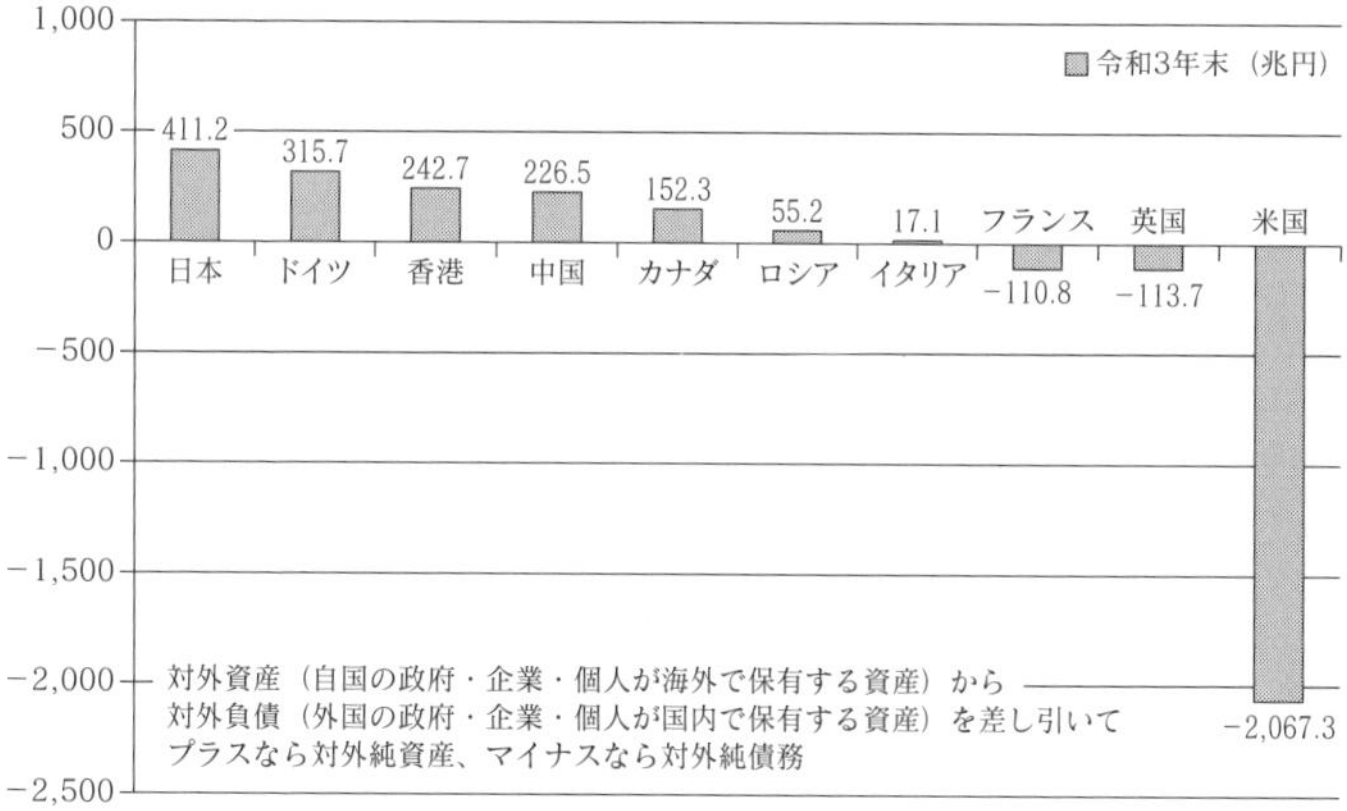


出典：財務省

ずなのだ。米国の借金のうち連邦政府の公的債務に着目すると、２０２２年1月末時点の残高は30兆ドル（１ドル１３０円換算で約３９００兆円）に上る。

「日本の借金は１０００兆円超え」といった、潤沢にある日本の資産には目もくれず負債の金額だけに着目した報道を頻繁に目や耳にすると思うのだが、米国は金額で言えばざっと日本の４倍の借金を抱えていることになる。

米連邦政府の代表的な債務は米国債だが、そのうち海外投資家による保有残高は、米国財務省が２０２２年12月15日に発表した証券投資統計によると、７兆１８５４億ドルで、１ドル１３０円換算で約９３４兆円となる。これを誰に購入してもらっているのか。米財務省の証券投資統計で確認すると、例えば2022年12月公表の国別残高1位は日本で1兆782億ドル、2位中国は9096億ドルであった。海外勢では日本と中国が最も積極的に米国の借金の肩代わりをしているような状況と言えよう。

ここで、戦争が起こるとどうなるのか、に話を移すことにする。

2022年来、戦争状態が続いているロシアとウクライナに対して、米国のジョー・バイデン大統領は「安全保障に歴史上最大規模の投資をする」と明言した。米国の場合は、大統領が議会に予算要求を行い、議会の承認後、予算が執行されるシステムになっている。2023会計年度（2022年10月〜2023年9月）の予算教書で、国防費として8133億ドル、約106兆円を議会に要求した。

先刻、米国は借金大国であると述べた。借金体質である米国は戦争になれば、戦費をどこかから調達しなければならない。資金調達のため米国債を発行し、それを日本や中国などが購入するなら海外からの戦費調達となる。

日本が米国債を買う場合、円を売ってドルを買い、そのドルで米国債を購入する手順となる。シンプルに考えて、米国の戦争が予見されるなら、為替市場ではドル買いが発生しやすい状況となる。例えば、2022年も、直前までロシアによるウクライナ侵攻などあり得ないといった評論が多かったが、ドル買い意欲が非常に強かったのを見るにつけ、開戦間近だろう、といった予測が立てられた。

かつて米国債投資に関しては、中国が日本を上回った時期もあった。しかし、米中対立が顕著となってから、中国は意図的に米国債の保有量を減らしてきている。言うなれば金融分野での米中の「持ちつ持たれつ」の関係解消に中国は動いてきたという見方もできよう。

脱ドル依存でいうなら、このたびのウクライナ侵攻を見越してか、ロシアも外貨準備（通貨当局の管理下にあるすぐに利用可能な対外資産）に占めるドルの割合を4年前の40％超から16・4％まで引き下げてきていた。使い道が狭まるであろうドルをあらかじめ減らしておくことで、欧米による経済制裁の影響を最小限に抑える手回しを着々としていたわけだ。こうした各国の動きもあって、このところは日本が米国債の保有比率のトップとなり、日本が米国を支えている格好となっている。

２０２３年8月、日銀は長期金利の変動幅を1％に拡大したが、その後も日銀の緩和姿勢に変更はなく、長期金利が4％前後の米国との間には依然として金利差が存在する。そのため金利を稼げる同盟国米国の国債購入は、日本側にとっても旨味がある。そして、日本の金利を常に米国よりも〝低く〟設定したほうが金利差によるドル買い、つまり米国債購入の流れがつくられ、米国の借金の肩代わりをしやすくするのには都合がよい。日米両国の金利差は借金大国「米国」のファイナンスにとっては実に〝心地よい〟金利体系と言えるだろう。

## ■いつドル高はピークアウトするのか？

米国が過去に関わった戦争の経緯を考えると、戦争開始時点ではなく、それ以前の部隊の移動などの〝準備段階〟で、すでにドル高が始まっていた。そして、戦争終了後はドル安へと向かう傾向がある。

今回も戦争終了までは、つまり少なくともロシアによるウクライナ侵攻が何らかの落ち着きを見せるまではドル高は継続しやすいはずだ。あえて時間軸を挙げるなら向こう半年から1年程度といったスパンで、より具体的には少なくとも2023年から最長でも2024年年央あたりまでは、米国はドル高を引っ張るものと予測する。

ここで何より留意しておきたいのは、ドル高のあとはドル暴落という〝戦後処理〟が待っているということだ。

例えば日本人投資家が1ドル＝135円あたりで外貨預金をしたとしよう。ところが1ドル＝100円までドルが急落すれば、日本人は35円分の為替差損を被る。為替はゼロサムゲームである。日本人投資家が損をした分は、誰かが儲かることになる。

徐々に円高にするのではドル売りを仕掛ける側の旨味は乏しい。ここで大儲けするためには相手に考える暇を与えることなく、つまり一般の投資家が損失を最低限にとどめられる水準で市場から撤収できるような隙や余裕を与えることなく、ごく短期間で一気に円高・ドル安にするしかない。

実のところ、それは米国側が過去何度も利用してきた常套《じょうとう》手段のように見受けられるのだ。世界中からかき集めたお金を、急激なドル暴落により借金棒引きに持っていく。おそらく本格的なドル下落は、2024年の年央あたりまでに発生するのではないか。

とはいえ、状況次第でトレンド転換の時期は前後するものである。ドル高がピークアウトするタイミングがいつ頃になるのかをより見極める目安として、以下3点を挙げたい。

第一に、FRBの政策金利の引き上げがどこで転換するのか。そして、日銀は緩和修正の姿勢を一段と強めるのか。第二に今回のウクライナ侵攻の戦況がどうなるのか。ウクライナのみの局地戦にとどまるのか、それが長引くのか、もしくは周辺国に拡大するのか、あるいはそれ以上に飛び火するのかで、ドル高の継続時間は短くも長くもなりうる。
第三として重要な手立てを紹介しておきたい。これまで米国はかなり頻繁に、そしてわりと唐突に為替政策を変更してきた経緯がある。現状、米国がドル高戦略を所望しているのか、あるいはドル安戦略を所望しているのかは米財務省が公表する「為替報告書」の内容を見るとある程度予測できる。これについては、このあとで紹介したい。

## ■「米国が関わった戦争」の経緯とドル／円の推移

ここからは米国がかつて関わった戦争と、ドル／円の為替レートの変化について考えたい。

〈湾岸戦争〉1ドル＝149円→1ドル＝79・75円
1990年8月2日　149・60円　イラクによるクウェート侵攻
1990年10月18日　123・75円　いったんドル安に
1990年11月29日　132・45円　国連安保理、イラクへの武力行使容認を決議

1991年1月17日　132・88円　多国籍軍、攻撃開始
1991年2月28日　132・95円　クウェート解放による戦争終結
以降、1995年に向けてドル売りが趨勢《すうせい》（1ドル＝80円割れ）

この展開を見てもわかるように、戦争が始まったためドル高になったのではなく、多国籍軍の攻撃が開始される以前、国連安保理の武力行使容認の議決を経て開戦に至るまでの、いわば戦争準備段階からドル高に振れていた。そして開戦時から終戦までが極めて短期間であったこともあり、開戦の水準近辺がドルの高値となり、以降ドル安となった（図表2-2）。

〈イラク戦争〉1ドル＝132円→1ドル＝75・32円
2001年9月　115・77円　同時多発テロ後の最安値。米国の有事との認識からドル売り
2002年初頭　132円台　一般教書演説でジョージ・W・ブッシュ大統領が「悪の枢軸」発言。債券発行など米国の戦争準備に反応して135円台のドル高へ

２００３年３月19日　１２３・44円　米、英などと共に「イラクの自由作戦」開始。
終結は早いとの予測からドル安へ
２００３年５月　１１５円台　ブッシュ米大統領「大規模戦闘終結宣言」
２０１１年12月14日　77・88円　米軍の完全撤退

ここでの展開でも同様に、同時多発テロを受けてのドル安から、戦争に向けての準備段階でドル高となっている。そして材料を先取りする為替市場では、開戦の時期にはすでにドル売りが始まっていた（図表２‐３）。

二つの戦争でのドル高からドル安への傾斜は類似しており、今回もそれに倣う可能性が高いはずだ。ウクライナをめぐる戦争で３年程度はドル高が続くものの、山高ければ谷深し。終結後のドル売りも、またかなりきついものになりそうだ。

## 図表2-2　湾岸戦争から1ドル80円割れまでのドル/円チャート

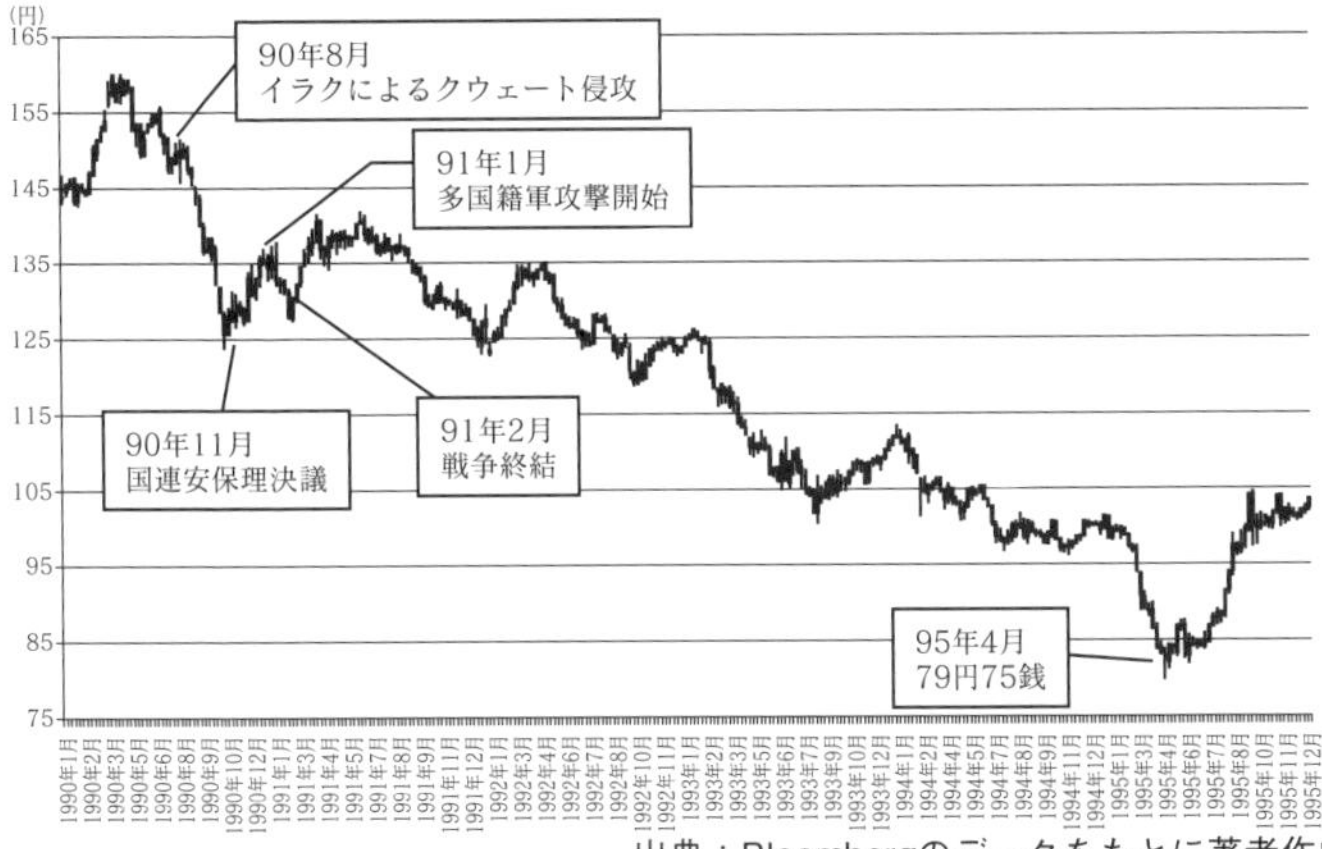


出典：Bloombergのデータをもとに著者作成

## 図表2-3　イラク戦争から1ドル80円割れまでのドル/円チャート

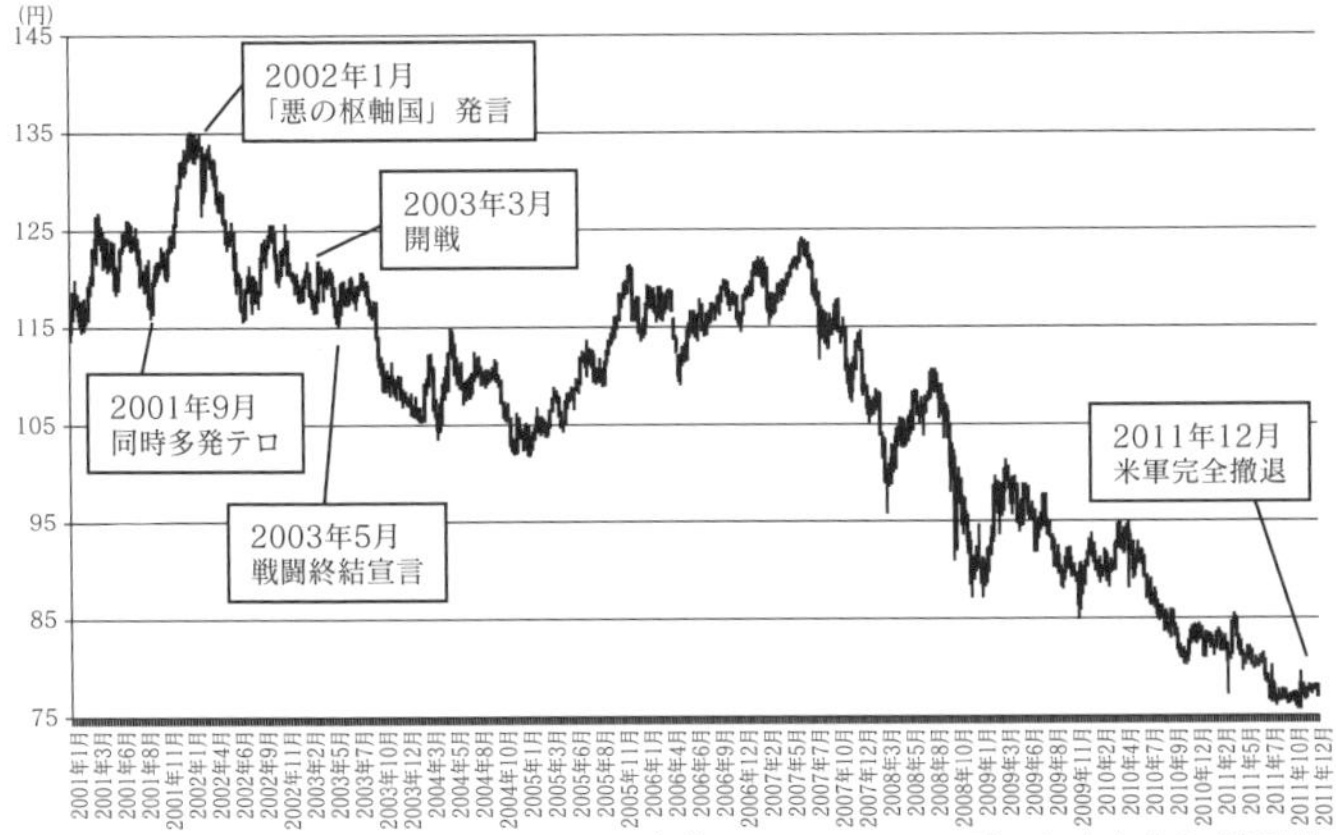


出典：Bloombergのデータをもとに著者作成

## ■ 顕著なドル高の3年サイクル

ドル高政策に転換したときにはそれなりのスピード感を伴ってドル高が進み、ドル高進行期間は約3年というのが過去のパターンとなる。それは76〜77ページのチャートからも見て取れる。これは1990年代から現在までのドル／円の推移（月足）チャートとなる（図表2-4）。

ドル／円チャートの見方は、上方向ならばドル高・円安、下方向ならばドル安・円高となる。端的に言うと、大きな矢印（大きな太枠の四角はその時期の解説）が、ドル高が急激に進んだ時期である。

この約30年を見ると、対円での急激なドル高は長くても3年程度となっている。米国は頻繁に為替政策を変えると先述したが、同じ大統領の政権下にあっても、時期によって、ある時はドル高がいいと言い、またあるときはドル安がいいと言っていたのも確認できよう。

順を追って解説しよう。

1995年から1998年のドル高はビル・クリントン政権の後半の4年間になる。前半は急激なドル安・円高の時期で、1995年4月には1ドル＝80円割れとなった。その後、米ゴールドマン・サックス出身のルービンが財務長官になると「強いドルは米国の国益」と言い出し、突如ドル高政策を推進し始めた。「いま米国に投資すれば、何年後かには儲かる。米国におカネを持ってきてください」とキャンペーンを張った。結果、1ドル＝80円割れしていたドル／円は3年後には147円台まで一気に上がった。

2005年からのドル高局面の背景には、その年に限って制定された時限立法のHIA（「本国投資法」）の存在がある。米国の表面実効法人税率は、主要国と比較しても高かった。米国の高い法人税を払いたがらないグローバル企業に対して、一時的な優遇税制をアピールしたのだ。通常税率の35％から5・25％まで大きく引き下げたことから、海外留保利益3600億ドルが海外から米国に還流したとされ、ドル高の要因となった。

2012年10月から2015年6月までの約3年は明確なドル高宣言はなかったものの、ドル高容認のステージだった。

日本ではアベノミクスがスタートし、黒田東彦《はるひこ》日銀総裁の「異次元緩和」政策がそれをサポートしていた。当時の安倍首相は大々的に円安政策を展開し、それを国内世論も後押しし

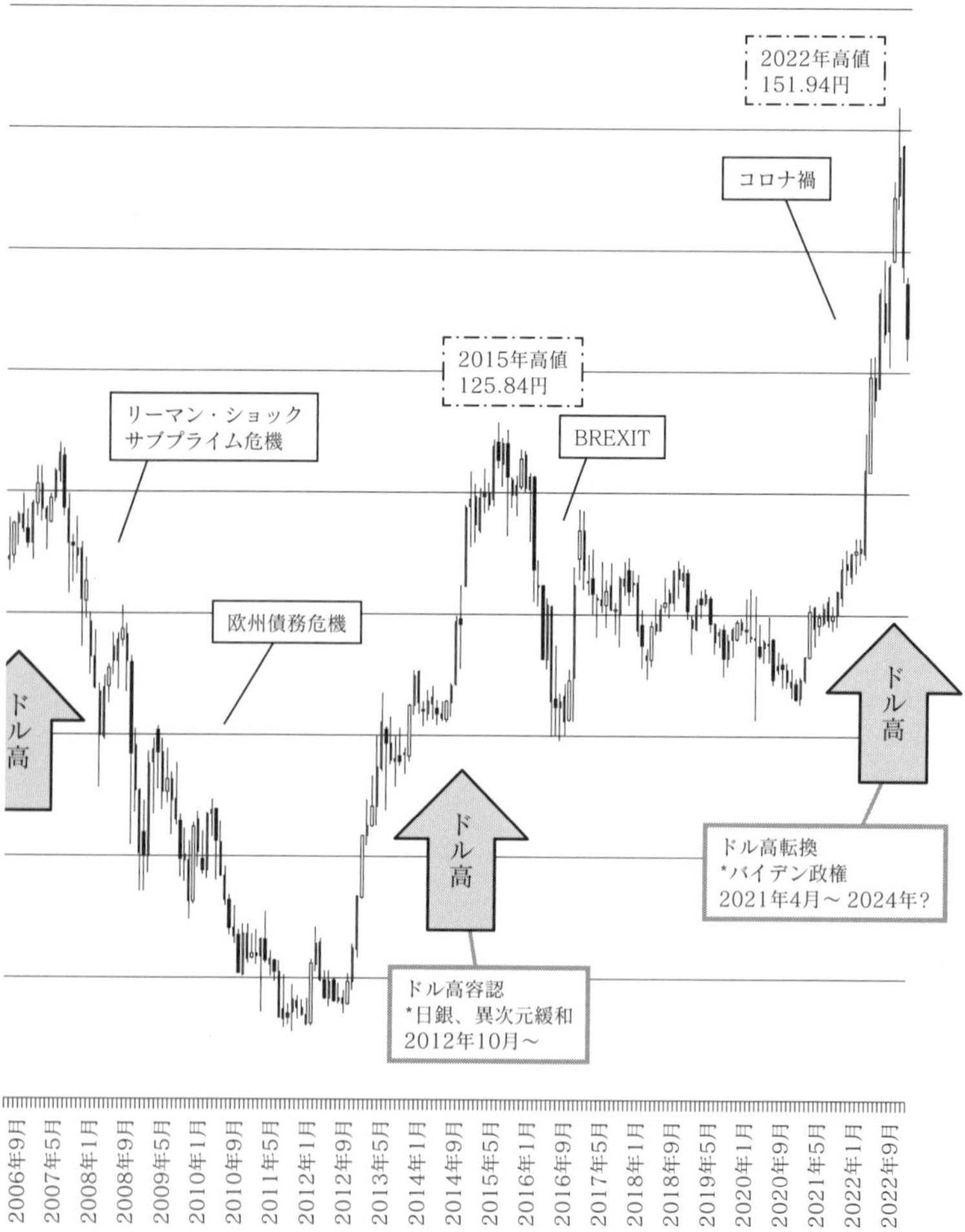

出典：Bloomberg、yahoo! ファイナンスのデータをもとに著者作成

## 図表2-4　ドル／円長期チャート

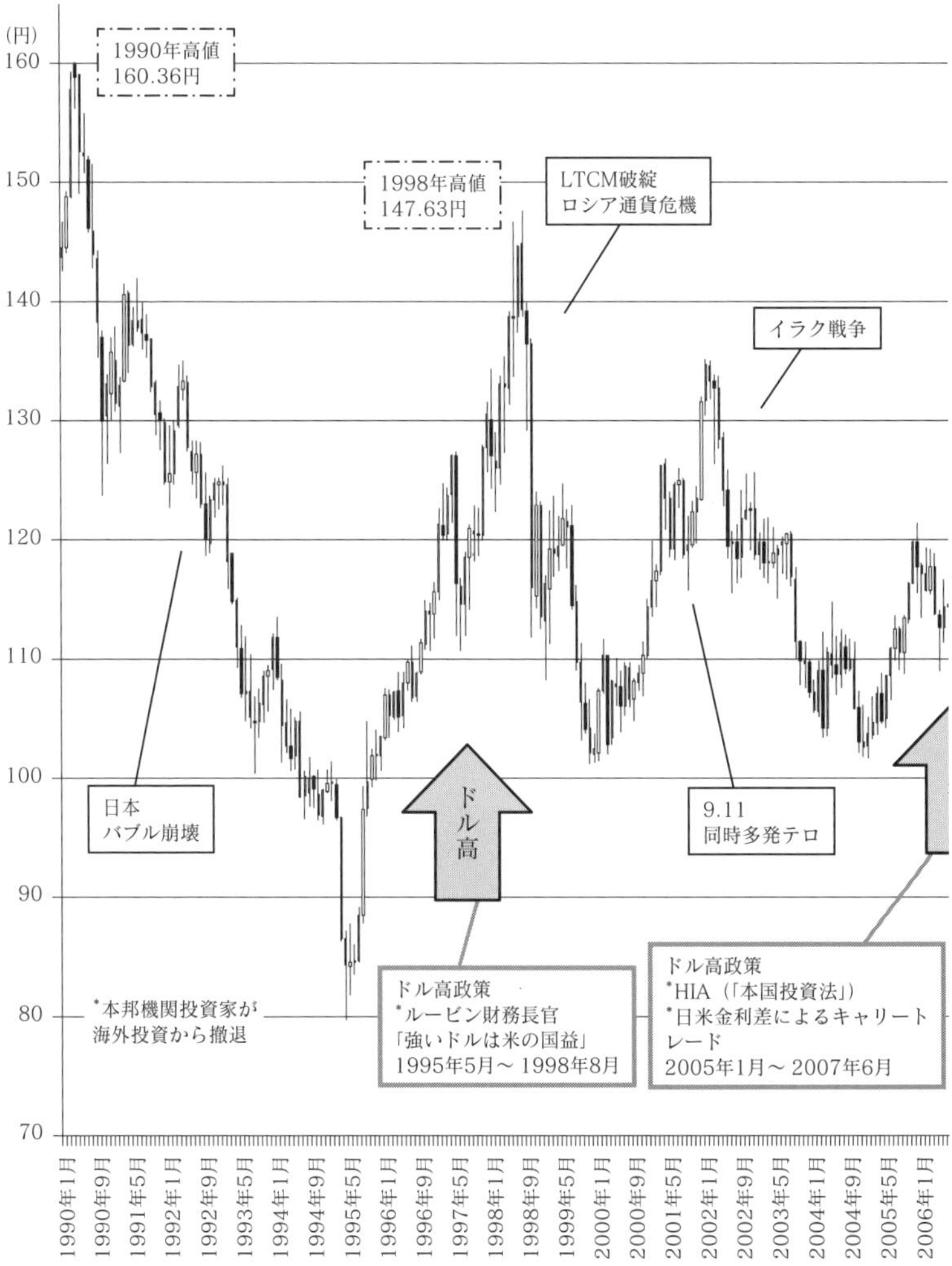
(円)
160
150
140
130
120
110
100
90
80
70
1990年高値
160.36円
1998年高値
147.63円
LTCM破綻
ロシア通貨危機
イラク戦争
日本
バブル崩壊
ドル高
9.11
同時多発テロ
*本邦機関投資家が
海外投資から撤退
ドル高政策
*ルービン財務長官
「強いドルは米の国益」
1995年5月～1998年8月
ドル高政策
*HIA（「本国投資法」）
*日米金利差によるキャリート
レード
2005年1月～2007年6月
1990年1月
1990年9月
1991年5月
1992年1月
1992年9月
1993年5月
1994年1月
1994年9月
1995年5月
1996年1月
1996年9月
1997年5月
1998年1月
1998年9月
1999年5月
2000年1月
2000年9月
2001年5月
2002年1月
2002年9月
2003年5月
2004年1月
2004年9月
2005年5月
2006年1月

た。仮に米国が日本の円安政策を気に食わないとするのであれば当然、米財務省などの報告書を通じて撤回を訴えてくる。ところが、この時期そうした米国側からの意向はまったく見受けられなかった。結果、２０１１年10月に１ドル＝80円割れしていたドル円は、３年かけて１ドル＝１２５円台まで一気に上がった。

ひるがえって、現在はどうなのか。端的に、ドナルド・トランプ政権のドル安・円高政策から一転、バイデン政権ではドル高・円安政策となっている。

そのバイデン政権がスタートしたのは２０２１年、これまでのドル高・円安サイクルに則り３年間を当てはめるとすると、２０２３年末あたりまではドル高が続きやすいステージとなりそうだ。

## ■為替介入について

１９９８年のドル高値１４７円63銭に迫った２０２２年９月、政府日銀は24年ぶりのドル売り・円買い介入を実施した。四半世紀前に榊原英資《さかきばらえいすけ》財務官がドル売り介入を開始したのは

1997年12月17日で130円台に突入してからであった。以降、実施レートとしては140円台まで、日数としては1998年6月17日までの半年間のうち6日間、金額としては4兆円超の実績となった。

介入実施の判断は財務官が下し、日銀為替課（日本銀行の金融市場局為替課）がフロント事務を担い、指定行に決まった市中銀行を介して行われる。1990年代、2000年代の政府日銀の大量介入時代、私は指定行である複数の金融機関において、日銀との窓口として何度も介入業務に携わってきた。そうした実務経験からの実感となるが、日銀のみの単独介入であっても、アナウンスメント効果も伴って超短期的にはかなりの相場変動をもたらす。しかしながら、1998年も最初にドル売り介入をした水準から最終的には15円近く上回る円安となったように、ドル売り・ドル買い、いずれにしても単独介入でドル高・ドル安の基調を劇的に転換させるのは厳しい。昨今の介入も焼け石に水のように映るだろうが、そもそも為替介入そのものの効果は限定的なものなのだ。単独ではなく例えば1985年9月のプラザ合意のように、関係国と一緒に取り組む協調介入でないと、相場を反転させる威力を発揮しにくい。

1998年のケースだが、その年の夏以降にロシア危機が発生、それに端を発した形で当時世界最大とされた米ヘッジファンドの破綻などがあり、その煽《あお》りを受ける形でドルは急落した。同年10月にはわずか数日で135円から111円台へとドルの投げ売り状態となった。介入そのものの効果というよりも他の要因が発生したために、結果的には絶好のポイントで日銀はドルが売れたということになる。

なお米国の為替介入に対するスタンスだが、市場原理を重んじる米国は〝人為的操作〟の最たる為替介入を、基本的には嫌う。2022年の春先、米財務省は「為替介入については、適切な事前協議を伴う非常に例外的な状況に限定されるべき」としていた。裏を返せば、「為替介入などするなよ」と撥《は》ねつけていたわけだ。

ところが為替介入が実施された9月22日同日のニューヨーク時間に、米財務省は日銀の行動に対して、早々に報道官がメールを配信し、「理解」を示したのだ。そこには単に市場原理の話にはとどまらない事情があると考えられる。

近年の米中貿易摩擦やパンデミックでグローバルなサプライチェーンの脆弱さを露呈したこともあり、経済分野における日米協力の必要性が増しているのは間違いない。日米経済政策協議委員会（経済版「2＋2」）などで日米関係の協力強化や拡大が進められている現状では、介入を含め日本独自の政策について米国からの理解は得やすいはずだ。2022年秋現在、米国の最優先課題は国内のインフレ抑制である。ドル高は米国内の輸入物価の抑制になるのに、わざわざそれに逆行するドル売りの協調介入はもってのほかであるし、日銀の単独介入すら米国が認めるはずはない。そうした下馬評をよそに日銀が介入できたのには日米の政治的側面もあろう。

## ■こんなに違う二人の大統領の為替に対する方針

「為替報告書」は通常毎年二度、米財務省から議会に提出される報告書で、米国の主要な20の貿易相手国・地域の為替政策を分析・評価したものである。もう少し突っ込んで言うならば、自国の輸出にとって都合がいいような〝為替操作〟を米国の主要貿易相手国がしていないかどうかを米国側が精査した内容ということになる。

米国の為替政策の転換が最もわかりやすかったのは、先述のアベノミクスの時点でもある。ドル高・円安に勢いがつき、２０１５年６月にはドル／円は１２５円84銭まで到達する展開であった。

実はその数カ月前、2015年の春先に出てきた同報告書には「中期的には1ドル＝102円水準であった頃が実効実質為替レートとしては適当」と、為替レートについて珍しく具体的な水準が書かれていたのだ。当時、日本国内では一層の円安を予想する向きが圧倒的に多かった。しかし、米国がこう言い出した以上、ここから進む方向は円安ではなく円高であり、指摘された102円を目指すものと考えるのが順当だ。

その後の為替レートはどうなったか。

2015年6月に125円84銭のドル高のピークを付けたものの、その後反転。報告書の指摘から1年後には100円割れまでドルは下落した。つまるところ、為替報告書が示唆したレベルまで為替レートは戻ってしまったのだ。

好むと好まざるにかかわらず、とりわけドル／円レートについては、どうしても同盟国である米国の為替政策に〝左右〟されやすい。そしてその米国の通貨戦略は、為替報告書に表れる。読者諸氏にはドル高やドル安の大きなトレンドを測るのに、この報告書を有効利用してもらえればと思う。

現状、米国がドル高を望んでいるのか、ドル安を望んでいるのか。これを見極めるほうが、為替レートが何月何日にピンポイントでいくらになるといった予測をするよりは、ずっと使い勝手がいいはずであるし、合理的でもあろう。

それでは直近の米国の為替政策の変遷に関して、報告書の内容をどう捉えればいいのか？

トランプ前大統領は「アメリカ・ファースト＝米国の輸出を増やしたい」指導者だった。どの国にとっても輸出に都合がいいのは通貨安であり、トランプもご多分に漏れずドル安政策を志向した。ここでトランプ政権下、最後に提出された２０２０年12月の為替報告書を見てみよう。「実質実効レートでは日本円に関しては、歴史的に見て円安である」と書かれていた。英語の原文ではこうだ。

「Remains weaker than average historical levels」

あえて「weak」という単語の比較級を使用し、直接的な表現で円の「弱さ」を強調していた。当時の為替レートは1ドル＝１０３円、トランプ政権ではこのレベルでも円はまだ安いと思っていたわけだ。80円、90円といった1ドル＝２桁台の円高が、彼らにとっては好ましいものだったのだろう。

それでは続くバイデン政権は、どのような思惑で為替政策に取り組んでいるのだろう。実は、トランプ政権とは真逆のドル高政策への転換となったのは先述の通りである。

２０２１年4月、バイデン政権になって初めて出てきた為替報告書を見ると、ドル／円に関して「ファンダメンタルズに沿った動き」とあった。経済状況から考えて、いまの円の水準は日本の経済力に見合っている、そういう意味である。当時、為替レートは1ドル＝110円手前まで円安が進んでいた。

トランプ政権は1ドル＝103円でも円が安いとダメ出しをしていたが、わずか数カ月でバイデン政権は110円でもいいと言っているわけである。ここで米国の為替政策がドル安からドル高へと〝転換〟したことが如実にわかる。

過去の傾向から、米国のドル高政策は3年程度続きやすい。そうであるならば、為替報告書の内容から、2021年から始まったドル高は2023年から長ければ2024年年央あたりまで続くのではなかろうかとの推察がここで成り立つ。

さらに2022年6月に出てきた為替報告書には「実質実効為替レートで50年ぶりの円安に近い水準にある」と書かれていた。この頃は1ドル＝130円台前半までドル高・円安が進んできていた時期である。日本語訳をすると同じ「円安」になってしまうのだが、この6月の報告書の英語原文をさらってみると、

「Currently sits near 50-year lows」

となっていて、実はトランプ政権で見受けられた「weak（弱い）」という単語は使われて

はいない。円安に相当する箇所の「sits」は物などがある場所にある、位置するといった意味であり、状況を淡々と説明するような言葉だ。50年ぶりの水準にあると、いわば客観的な表現をしただけで、円が弱いという含みを込めたものではなかった。非常にマニアックな話ではあるが、米国側は1ドル＝130円でも特段問題視しているわけではなさそうだ、ということが英単語の微妙なニュアンスでも透けて見えてくるのだ。

## ■カーボンニュートラルの呼びかけからスタートしたインフレ

ここからはテーマを世界で猛威を振るうインフレの要因に移そう。

今回、真っ先に値上げが起きたのはエネルギー価格だった。それに追随して現状はあらゆるモノの価格が上昇してきた。米国の消費者物価指数（ＣＰＩ）の対前年同月比は２０２１年９月以降上昇率がアップ、２０２２年６月には＋９・１％と、第二次オイル・ショック後の１９８１年11月の９・６％以来、およそ40年半ぶりの９％台となった。その後、上昇率は鈍化しているものの、依然として高い水準にとどまっている。２０２３年１月現在、ガソリンや新車などの価格上昇の上げ幅は縮まったとはいえ、医療費や外食費などは下がりにくく、人件費アップからの値上げも続いている。

なぜいま米国が本格的なインフレになっているのか、本当のところをご存じだろうか？　巷間、ロシアのウクライナ侵攻がインフレを起こしたと言われているが、それは違う。真の要因はそれ以前のものだ。

嚆矢となったのは「カーボンニュートラル（ＣＮ）政策」だ。周知の通り、二酸化炭素（$CO_2$）の排出量から森林などによる吸収量や$CO_2$回収技術などでの除去量を差し引いた値について、ゼロを目指すものだ。

２０２１年10月31日から11月13日にかけて英国グラスゴーでＣＯＰ26（国連気候変動枠組条約第26回締約国会議）が開催された。その際、ＣＮに関する具体的な政策として米国は「ネットゼロ・ワールド・イニシアチブ（Net Zero World Initiative）」を発表した。端的に石油、石炭など化石燃料の使用を最終的にネットゼロにしようと、米国自ら世界に呼びかけたわけである。

それ以前のことになるが、２０１５年12月にはパリ協定が採択されている。温室効果ガスが原因とされる地球規模の気温上昇を抑制するため締約国が取り組みを約束し、米国も批准、

２０１６年11月に発効した。ところがトランプ前大統領が就任すると、状況は一変する。２０１７年６月にパリ協定から離脱すると宣言し、米国の企業や労働者に不利にならない「公平」な独自の新しい取り決めの再交渉を始めるとした。その後バイデン大統領は、就任直後の２０２１年１月にパリ協定への復帰を決定、２月に正式復帰が認められた。二転三転の後、米国としてはようやくネットゼロ政策を呼びかけるに至り、これでインフレに向かう素地も出来上がった。

つまり脱炭素化の流れが加速すれば石炭生産設備は投資不足となり、それに起因して石炭による発電燃料の供給が滞る。そうなると電力需給の逼迫《ひっぱく》から他の燃料価格、すなわち原油価格も上昇しやすくなる。ネットゼロ政策以前からパンデミックによる原油掘削量や輸入量の減少もあったため、供給面はすでに混乱していたところでもあった。

ネットゼロ政策で原油採掘業者などへの資金供給も行き詰まれば、原油の供給量が不足する。世界中が寒さに凍える真冬の需要旺盛な時期に原油が足りなくなればどうなるかは、火を見るよりも明らかだ。原油価格が高騰すれば、天然ガス価格も同様に高騰する。放っておいても電力価格は上昇し、ガソリン価格も理解不能なほど上昇するわけである。

むろん米国のインフレ要因は、それだけにとどまらない。

２０２０年３月、同年12月、２０２１年３月と３回、バイデン政権がコロナ禍対策として国民に総額８５００億ドルにおよぶ現金支給を実施したこともインフレを加速させた。コロナ禍における供給網の混乱で、深刻な物資の供給不足になっているところへの現金大盤振舞いだ。知っての通り、米国人は基本的に「貯蓄」という概念が希薄だ。反面、「消費」に対する意欲は貪欲で、現物のマネーが政府から届けられたなら、その金額以上に使ってしまうような国民性である。新型コロナウイルスの感染拡大で２０２０年４月にいったん大きく落ち込んだ米国の個人消費だったが、大規模な給付金の措置などで需要が喚起され、個人消費は底堅く推移した。貯蓄率を見ても２０２２年４月時点で、コロナ禍前の２０１９年平均の７・６％を下回る低水準となっていた。

例えば天然ガス価格は、２０２１年１月に需給が逼迫したために暴騰した。季節要因である寒波があり、コロナ禍からの経済活動の活発化による需要急増も顕著だったが、これも特殊要因だ。インフレの最大の理由は先に示した通り、カーボンニュートラル政策とバイデン政権のばら撒きであった。米国のインフレ率が８％以上にもなったのは、ロシアのウクライナ侵攻のせいではなく、明らかにその前の段階で起きたことが重層化し、物価上昇を強く促したのだ。実はすでにそこから米国の戦略はスタートしている。

高インフレを背景に露骨なドル高にシフトしたFRBを、日銀はゼロ金利政策をもって全力で応援するかのような構えに見える。ガンガン円を売って、ドルに換えてくれといった感じの米国を、金融の引き締めなどもってのほか、金融緩和政策は絶対にやめないとの姿勢に徹して後押しする日銀。「日本経済新聞」2022年9月6日付には「個人、外貨定期預金が大幅増」といった報道もあった。ようやく為替介入でドル高・円安を牽制《けんせい》したものの円安を放置したそれまでの約2年間、日本から米国へと流れた資金は莫大だ。

こうした状況は、FRBとひたすら過剰流動性を供給する日銀がタッグを組んで「日米同時株上げ戦略」を遂行しようとしているかのようだ。2024年の第3、第4四半期に向けてFRBと日銀は一蓮托生となって株の上昇相場をつくり上げるのだろう。上げるところまで上げて、臨界点に達したところで日米の株式市場は当然バーストする。そこに行き着くまでの2年から3年については、楽しい生活が待っているという寸法だろう。

## ■２０２２年前半のNYダウ下落は、ふるい落としと調整

前述の通り、２０２１年からスタートしたバイデン政権のドル高については２０２２年の上昇力が凄《すさ》まじかった。おそらく２０２３年から２０２４年年央あたりまでは、上下動を伴いながらもドル高スパンが続くものと思われる。

経験則からして、ドル高のピークと株高のピークどちらが早いかといえば、株より為替のほうが半年ほど早い。となると、ドル高のピークを見た後の２０２４年中盤から大統領選前後までには、米国株もピークアウトすることになる。

振り返ってみると、１９８０年代後半の日本の株バブルも始まってからちょうど３年でピークアウトした。始まりは１９８７年で、89年末にピークを迎え、90年年初から大崩れとなった。それを勘案すると、やはり最大にして最後の米国株バブルのクライマックスは２０２２年に始まり、２０２４年末までにはピークを迎え、崩れ出すように思われるのだ。

これも経験則で申し上げるのだが、マーケット側から「今回はバブルではない」、まるで永

遠の上昇が当然で下落知らずの市場が存在するかのような「マーケットは変わったんだ」という言葉が声高に聞かれ始めると、あとは崩れるのみである。もう少し詳しく説明するために、再び第1章20～21ページの図表1-1の「NYダウの経緯（月足）」を見ていただきたい。ただ米国が巡航速度で株価を上げてきた最中、２０２０年に一度ズドンと株価が急落した。ししこれは上昇トレンド中の単なる一時的な事象でしかなく、見ての通り、その後はパラレルのトレンド線（平行線）のなかに戻ってきている。なお２０２２年1月から米国株が下がってきたのは、バブルの最後の吹き上げが始まる前の一種の「ふるい落とし」である。ＦＲＢが利上げをしていく際には、ＮＹダウであればほぼ10％から15％程度の下げの調整がなされるものだ。

こうした動きが起こる背景として、先にも述べたが、必要がないにもかかわらず、２０２1年3月に米国政府が慌てて3回目の現金給付を行ったことが挙げられる。コロナ不況下のばら撒きを好機と見たマーケットは、株式市場を想像以上に急激に押し上げてしまった。つまり買いすぎた。その後の反落については、現金給付後に慌てて買った分が２０２２年になって吐き出されただけの単なる調整と私は見ている。

となれば、２０２４年11月の大統領選挙に向けて、ＮＹダウが、ここ１００年の史上最大

## 図表2-5　米国の耐久財、非耐久財の消費動向のグラフ

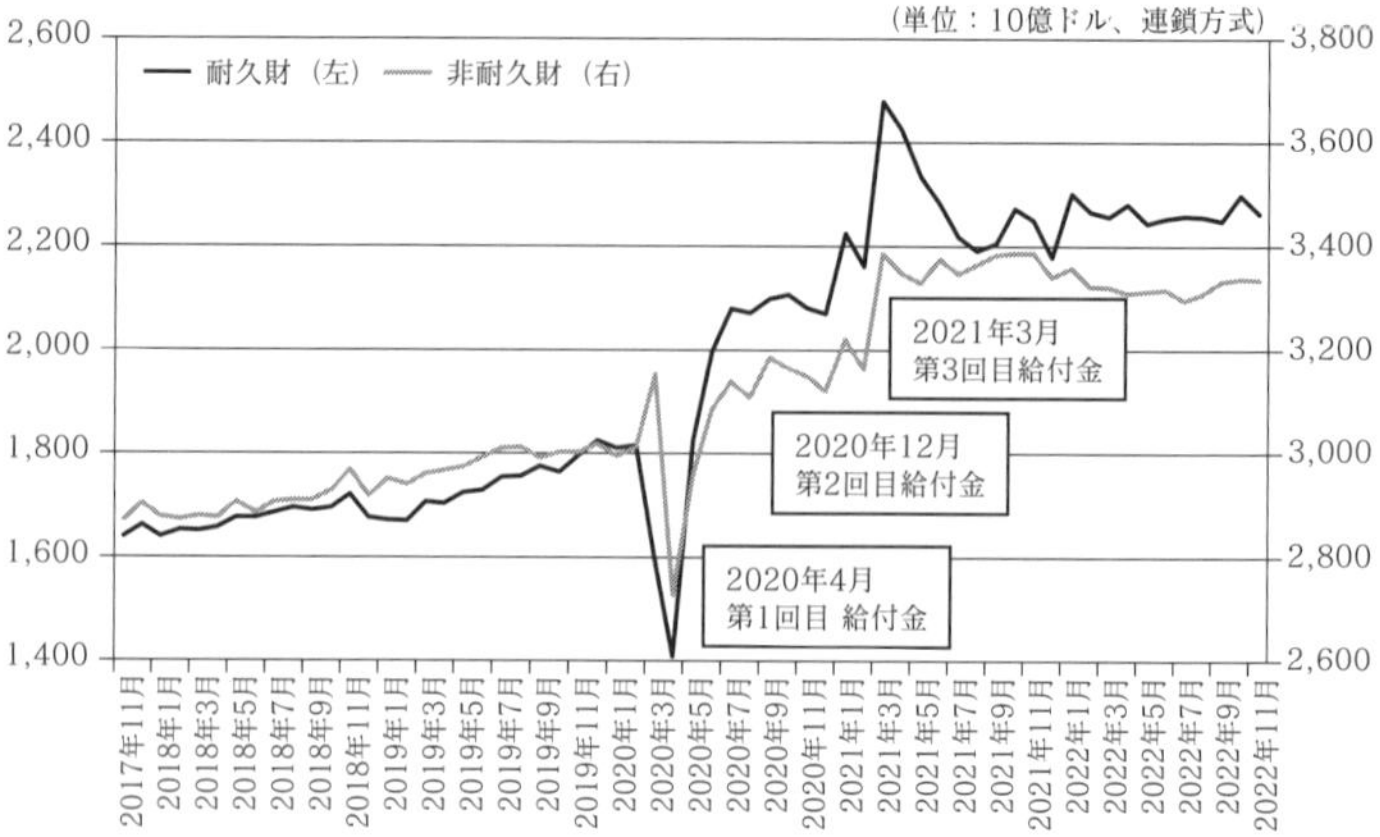


出典：FRBのデータをもとに著者作成

値となる４万ドル近辺をターゲットに上昇していくだろう。

　これとまったく同じ動きをしているのが「日経平均株価」である。まさしくＮＹダウと一蓮托生と言える相似を示している。

　ただ、かつての日本株が３万９８１５円の最高値を付けた頃は金利が上がり、株価が上がる時代であったが、いまはそうではない。金利がほとんど付かない時代で、株式もベアラリーのなかでの上げであるからＮＹダウほどの上昇力はなく、最終的には日経平均は３万円レベルでピークを打つと見ている。

　ＮＹダウのほうはあらためて３万５０００ドルを超えていく急騰を目の当たりにすれば、投資を続けたくなるのが心情だろう。ただ、この水準以

上で市場に参入すれば「毒饅頭を食わされる」目に遭うはずだ。株高で世間が大騒ぎをするようになってからようやく投資を開始するような、「遅くやってきた投資家」は一段と厳しい憂き目を見ることになる。

図表2-5は米国政府が国民に向けて現金を配った際の、耐久財と非耐久財の消費動向の変化を示した統計である。為替を仕事にしている専門家の多くは、景気の良し悪しを判断するために耐久財受注の経済指標を非常に重視する。米国の場合、景気が改善するとこの消費動向の数字がまずは、予想をかなり上回った数字が出てくるのだが、2020年4月から2021年3月にかけて、バイデン政権がコロナ禍対策として現金を市場に投じたとたんに、米国の耐久財受注がおのおの前年比30％増に達したことが確認できる。

耐久財とは自動車、家具、大型冷蔵庫など米国人が大好きな商品群で、米国経済の推進力のようなものでもある。コロナ禍で買い物を我慢していた米国民が現金支給を契機に一気にモノを買ったことで、急激なインフレを招いたことを表していると言えよう。

先述のとおり、日本人はお金に関しては貯蓄志向が強いと言われて久しいが、米国人は真逆の志向だ。お金は有効に活用こそするけれども、何もしないまま手元にとどめておくことには耐えられない傾向にある。それがきれいに耐久財のグラフに反映するわけである。感覚的には、10万円しかコロナ給付金をもらえないのに、100万円くらい使ってしまっているかのような数字と言えばよいだろうか。急激なインフレに米国が見舞われた要因の一つにはこうした国民性があることも否めない。

## ■ギャン・カーディナル・マップの使い方

２０２２年６月、短期的に上昇しすぎた株価の単なる調整にもかかわらず、メディアでは弱気なコメントが溢《あふ》れかえった。米国株式市場では、空売りで有名な複数の著名なグローバル・マクロ・ファンド（各国の経済、金利、為替などのマクロ指標予想や政治的見通しなどに基づき機動的にグローバルな投資を行うファンド）が、ここぞとばかりにオプションを絡めたショート・メーク（売り持ち）を１００兆〜２００兆円規模で積み上げていた。

近い将来、調整完了で目先の底入れとなれば、２０２２年第３四半期あたりから、米国株式市場という世界最大の賭場に、じわじわと世界中から再び資金が集まってくるはずと予測できた。実際、２０２２年11月８日の米中間選挙前には空売りが積み上がり、一斉にショート・カバー（買い戻し）が入った。これに新規の買いが重なれば、その後は急激な上げ相場に繫がりやすい。

第9章で論じるが、英「エコノミスト」誌が2021年12月に発行した世界経済の先行きを予感させる「THE WORLD AHEAD 2022」の表紙には2022年第3四半期の位置にバイデン大統領の顔が大きく出ている（252ページ参照）。その背景に据えられたチャートは下落ののち再度上昇となっている。これはいったい何を示唆しているのか、あとでじっくりと読んでいただきたい。

ところで、**ギャン・カーディナル・マップ（ギャン・スクエア・チャート）**なるものをご存じだろうか？　1929年の米国の大恐慌の始まりを数週間のズレで予見したことで有名な伝説のトレーダー、ウィリアム・D・ギャンは、晩年になってその経験を相場理論としてまとめている。ギャン曰《いわ》く「相場とは、100人中99人が損をし、1人が全ての利益を独占するという厳しい世界であり、何年にもわたる厳しい鍛錬を経てから臨むべきものである」。

彼の相場哲学は徹底した値動きの分析や群集心理の洞察に基づいており、その研究は繰り返す相場の波動の時間と価格の比例関係にもおよぶ。100年前に彼が到達したある種の真理は現代でも色褪《あ》せることはない。そんなギャンの相場理論の一つであるマップを見ていた

## 図表2-6　ギャン・スクエア（カーディナル・マップ）

| | | | | | | | | | | | | | | | | | | |
|---|---|---|---|---|---|---|---|---|---|---|---|---|---|---|---|---|---|---|
| 380 | 307 | 308 | 309 | 310 | 311 | 312 | 313 | 314 | 315 | 316 | 317 | 318 | 319 | 320 | 321 | 322 | 323 | 324 | 325 |
| 379 | 306 | 241 | 242 | 243 | 244 | 245 | 245 | 247 | 248 | 249 | 250 | 250 | 252 | 253 | 254 | 255 | 256 | 257 | 326 |
| 378 | 305 | 240 | 183 | 184 | 185 | 186 | 187 | 188 | 189 | 190 | 191 | 192 | 193 | 194 | 195 | 196 | 197 | 258 | 327 |
| 377 | 304 | 239 | 182 | 133 | 134 | 135 | 136 | 137 | 138 | 139 | 140 | 141 | 142 | 143 | 144 | 145 | 198 | 259 | 328 |
| 376 | 303 | 238 | 181 | 132 | 91 | 92 | 93 | 94 | 95 | 96 | 97 | 98 | 99 | 100 | 101 | 146 | 199 | 260 | 329 |
| 375 | 302 | 237 | 180 | 131 | 90 | 57 | 58 | 59 | 60 | 61 | 62 | 63 | 64 | 65 | 102 | 147 | 200 | 261 | 330 |
| 374 | 301 | 236 | 179 | 130 | 89 | 56 | 31 | 32 | 33 | 34 | 35 | 36 | 37 | 66 | 103 | 148 | 201 | 262 | 331 |
| 373 | 300 | 235 | 178 | 129 | 88 | 55 | 30 | 13 | 14 | 15 | 16 | 17 | 38 | 67 | 104 | 149 | 202 | 263 | 332 |
| 372 | 299 | 234 | 177 | 128 | 87 | 54 | 29 | 12 | 3 | 4 | 5 | 18 | 39 | 68 | 105 | 150 | 203 | 264 | 333 |
| 371 | 298 | 233 | 176 | 127 | 86 | 53 | 28 | 11 | 2 | 1 | 6 | 19 | 40 | 69 | 106 | 151 | 204 | 265 | 334 |
| 370 | 297 | 232 | 175 | 126 | 85 | 52 | 27 | 10 | 9 | 8 | 7 | 20 | 41 | 70 | 107 | 152 | 205 | 266 | 335 |
| 369 | 296 | 231 | 174 | 125 | 84 | 51 | 26 | 25 | 24 | 23 | 22 | 21 | 42 | 70 | 108 | 153 | 206 | 267 | 336 |
| 368 | 295 | 230 | 173 | 124 | 83 | 50 | 49 | 48 | 47 | 46 | 45 | 44 | 43 | 72 | 109 | 154 | 207 | 268 | 337 |
| 367 | 294 | 229 | 172 | 123 | 82 | 81 | 80 | 79 | 78 | 77 | 76 | 75 | 74 | 73 | 110 | 155 | 208 | 269 | 338 |
| 366 | 293 | 228 | 171 | 122 | 121 | 120 | 119 | 118 | 117 | 116 | 115 | 114 | 113 | 112 | 111 | 156 | 209 | 270 | 339 |
| 365 | 292 | 227 | 170 | 169 | 168 | 167 | 166 | 165 | 164 | 163 | 162 | 161 | 160 | 159 | 158 | 157 | 210 | 271 | 340 |
| 364 | 291 | 226 | 225 | 224 | 223 | 222 | 221 | 220 | 219 | 218 | 217 | 216 | 215 | 214 | 213 | 212 | 211 | 272 | 341 |
| 363 | 290 | 289 | 288 | 287 | 286 | 285 | 284 | 283 | 282 | 281 | 280 | 279 | 278 | 277 | 276 | 275 | 274 | 273 | 342 |
| 362 | 361 | 360 | 359 | 358 | 357 | 356 | 355 | 354 | 353 | 352 | 351 | 350 | 349 | 348 | 347 | 346 | 345 | 344 | 343 |

ギャン・カーディナル・マップとは１を中心に時計回りで西の位置に２、そして西北の位置に３、北の位置に４、北東に５、東に６、南東に７、南に８、西南に９、そしてその左隣に10となる。これを時計回りに永遠に繰り返して渦巻き状に数字のマップをつくる。強い数字は東西南北の位置にある数字。そして次に強いのが、45度線上にある数字と言われている。

だきたい（図表２-６）。

ギャン・カーディナル・マップとは１を中心に時計回りで西の位置に２、そして西北の位置に３、北の位置に４、北東に５、東に６、南東に７、南に８、西南に９、９に隣接して10となる。これを永遠に繰り返してマップをつくる。

ここでの強い数字は、１を中心とした「東西南北」十字架を成す数字だ。そして次に強いのが45度線上の数字となる。この二つの強い数字の列は「ギャンライン」と呼ばれる。

至近の例で言えば、２０２２年の９月、日銀による為替介入が入ったのは１４５円台である。なぜ１４６円台ではなく１４５円台での介入となったのだろうか。１９９８年のドル／円の最高値１４７・66円を意識してそこを抜けるとドル高に勢いがついてしまう。その手前で食い止めるため、というのはわかるが、であればなぜ１４６円台ではなく、１４５円台なのか。通貨当局がこのマップを意識して介入するようなことはない。ただ意識せずとも結果的にギャンラインの45度線の強烈さが滲み出る。

続く２０２２年の10月の介入は１５１円で入った。１５２円目前だったにもかかわらず、だ。そして、１５１は「東西南北」のライン上にある。10月の介入後にドルは45度線の１４５円台で下げ止まり、再度上昇を始めた。

誤解がないように補足すると、必ずギャンラインのポイントで相場が反転するということではない。下がり始めた、あるいは上がり始めた相場で目先の天井や底の見当がつかないようなときに、相場が行き着く一つの目安になりうる、落ち着きどころとなりやすいのがギャンラインのポイントである、ということだ。

相場の落ち着きどころで言えば、「フィボナッチ比率」も相場分析に多用される。イタリアに実在した数学者の名前に由来したフィボナッチ数列は隣り合った数字を足して並べていく結果、1、1、2、3、5、8、13、21、34、55、89……となる。次に前の数字を後の数字で割ると1÷2、2÷3、3÷5と次第にその解答は0・618へと収斂《しゅうれん》されていく。この0・618は黄金比とされ、最も美しい比率とも言われる。そして人工物だけでなく自然界を含め様々なところで見られる不思議な比率なのだ。

身近なところでは、名刺や用紙の縦横の比率がある。レオナルド・ダ・ヴィンチはフィボナッチ比率に則ってモナ・リザの顔の縦と横のラインを決めて描いたとされるし、ピラミッドやパルテノン宮殿などの建造物の比率も黄金比だ。木の枝の分かれ方、花びらの枚数、松ぼっくりの鱗《うろこ》やひまわりの種のらせん状の並び方など、自然界でフィボナッチ数列に準拠する例も枚挙にいとまがない。

市場分析で黄金比が使用される背景には、人間も生物界の生き物であり、市場もまた森羅万象のなかにあるとの考えに基づくためと私は理解している。とするならば、株価も為替の動きもまたこの自然界の黄金比に集約されやすいのではないか。

例えばフィボナッチ・リトレースメントは、相場分析のなかでもテクニカル分析で広く利用されている。これは上昇トレンドの一時的な下落、あるいは下降トレンドの一時的な上昇を予想する手法となる。一時的な下落・上昇の目途として38・2％、50％、61・8％下がった・上がったところが意識される。

ここでギャン・カーディナル・マップに戻り、ギャンラインを用いて2022年の米国のNYダウを見てみよう。31と37の横枠の数字、さらには31から下がる縦枠を見る。変動のレンジの想定としては3万7000ドルから3万1000ドル、あるいはもう一段の下押しを考えるなら2万8000ドルや、さらに深い調整となった場合2万6000も視野に入る。

年初の3万6000ドル台から9月には2万8000ドル台まで下落、その後年末に向け値を戻し始めた。実はNYダウが下がってきた2022年6月時点、先述の通りグローバル・マクロ・ファンド勢がオプション取引を絡めてダウ指数を大量にショート・メーク（売り持ちに）した。それと同時期にメディアはこれでもかと株価に対する弱気発言を繰り返し

(円)
160
150
140
130
120
110
100
2020年12月
2021年1月
2021年2月
2021年3月
2021年4月
2021年5月
2021年6月
2021年7月
2021年8月
2021年9月
2021年10月
2021年11月
2021年12月
2022年1月
2022年2月
2022年3月
2022年4月
2022年5月
2022年6月
2022年7月
2022年8月
2022年9月
2022年10月
2022年11月
2022年12月
2015年高値：125円
116円
六陽連
2008年
2009年
2010年
2011年
2012年
2013年
2014年
2015年
2016年
2017年
2018年
2019年
2020年
2021年
2022年
2023年
2024年
2025年

出典：Bloomberg、yahoo!ファイナンスのデータをもとに著者作成

## 図表2-7　ドル/円の為替チャート

(円)
165
155
145
135
125
115
105
95
85
75
1990年高値：160円
1998年高値：147円
1990年
1991年
1992年
1993年
1994年
1995年
1996年
1997年
1998年
1999年
2000年
2001年
2002年
2003年
2004年
2005年
2006年
2007年

た。秋口になってマップ上の45度のライン上のポイントにある31にちなんだ3万1000ドルを、いっときは割り込んで下落したものの、その後は結局のところ値を戻してきた。「野も山も皆一面に弱気なら、阿呆《あほ》になりて米を買うべし」の相場格言ではないが、価格が下がるという見通しが大勢を占めているときは往々にしてそれ以上の値下がりはしにくいものである。

さて、この先の展開であるが、安値から3万1000ドルまでは回復できても3万4000ドルはギャンラインの抵抗が強いはずだ。それゆえ一気に抜けていく力はないだろう。それでも仮に3万4000ドルを超え3万7000ドルに到達したとしよう。ようやく辿り着いたのだから、ここからはどんどん上昇していくだろうと思いたいところだが、おそらく3万7000ドルで頭が重くなって戻されて、一度はドーンと下がってしまうはず、といった具合に読み取る。

一方で、3万7000ドルをしっかり超えていくことができたならば、その後のさらなる上伸の芽が出てくる。その場合、最終的には40、つまり4万ドルまでは上がるのではないか。それが2024年のどこかになるのではなかろうか。

なぜギャンライン上で止まるのかはわからない。ただ、これまで様々な相場を数十年間つぶさに見てきた経験から言えることは、不思議なことに相場が結果的にラインを意識した場所で止まることが非常に多いのだ。

ここで過去25年のドル／円の為替の変動を見ていただきたい（図表2-7）。結局、2022年の相場は116円（東西南北線）を抜けて上がってきたものだった。十字のギャンライン上の116は、強烈な抵抗線となり、2021年後半から2022年の春先まで何度も上抜けする方向でトライ（挑戦）されては跳ね返してきたポイントでもある。こうしたポイントはトライとフェイル（失敗）を繰り返せば繰り返すほど、マグマのように次なる動きへのエネルギーを溜《た》め込んでいく。そして、ポイントが抜けた瞬間には、それまで蓄積されていたマグマが一気に噴き出すように凄まじく上伸する力となる。

価格は上下しながらも横ばいの動きを続け（「保合《もちあ》い」）、その上下の価格帯が徐々に狭まり、チャートの形が三角形となる。この三角保合い（トライアングル・フォーメーション）を突き抜けたのが116円台のところでもあった。

2022年10月現在、為替介入もあったため、強烈な十字線上の151円で跳ね返された形となっている。

## ■あの世界恐慌の時代と奇妙に重なる現在

第一次世界大戦（1914〜1918年）後の1920年代、連合国に対する支援で圧倒的な経済力を獲得した米国は、「永遠の繁栄」と呼ばれるほどの超好況期を謳歌《おうか》した。自動車、飛行機、高層ビルの建築、家電製品、初の放送メディアとなったラジオ文化の発展と大衆化など、まさに黄金時代の到来と言っても過言ではなかった。だが、そんな米国も1929年10月に株式大暴落（グレートクラッシュ）に見舞われ、その後の世界恐慌の震源地となり、それがやがては第二次世界大戦へと繫がっていくこととなった。

この当時の流れと、現在の一連の事象の流れは、奇妙に重なっているように思われる。様々な遠因が第一次世界大戦への引き金となりその後の株高、世界恐慌、第二次世界大戦へと繫がっていった。やはりロシアVSウクライナ紛争を第三次世界大戦の導火線とするシナリオも頭の片隅にとどめておく必要があろう。

知っての通り、米国は第一次世界大戦に軍隊は送ったが、国土は戦場にならなかった。

ヨーロッパに物資を大量に供給することで大儲けをし、マネーを欧州各国に貸して左うちわの状況であった。「欧州は何のために戦争などするのか」などと浮かれていた。

大戦を経て、その後も生産力を拡大していくなかで生まれてきたのがフォード、GM、クライスラーであり、ボーイングであった。寡占大企業は自動車を中心に発展、航空や建築等の耐久消費財産業などが高い成長率と利益を生み出した時代が1927〜1929年であり、増大する配当やキャピタル・ゲインは株式投機へと繋がっていった。米国は好景気に沸き、まさにこの世の春を謳歌していた。そういう時代だったからこそ、世界恐慌の手前まで、米国株は暴騰していった。

1925年から1929年にかけ、特に1928年には米国は金利を急激に上げており、現在と同じような状況であった。そしてブルマーケットだったため、まさか株価が暴落するとは露ほども思っていなかったのだ。しかし、米国経済の推進力である耐久消費財の需要がピークを打つと、生産も頭打ちとなり自律反転を開始。それに呼応するかのように株価も崩壊を始めた。

ひるがえって現在、コロナ禍を経て米国内の消費は活発だ。加えて戦略的に誘導したドル高・株高を背景に、米国が世界中のマネーを積極的に集める状況は2022〜2024年まで続くだろう。米国は短い超好況期を経て、世界経済を壊す悪夢を先導すると思われる。

１９２９年10月の悪夢は今回、２０２４年第４四半期頃に再現されるのではないか。為替相場でのドルの急落、米株式相場での暴落、国際政治、国際軍事、国際経済の変化などの全ての「終わりの始まり」が２０２４年末までの米国で起こりうるシナリオだ。

## ■いまも本当はバブルの真っ只中

ここからは、バブルとは何なのか？　バブルとはいかにしてつくられるものなのかを、解説したい。

バブルとは株式市場や不動産市場において、買い手が矢のように殺到することにより、本来のリーズナブルな価格が異常なレベルにまで高騰してしまう状態と言える。「こういう状況だから、この価格でもやむを得ない」とアナリストやエコノミストも同じように評価する。本来ならあり得ない価格でも、そこをベースにして考えてしまうのだ。

米国株はサブプライム危機後の２００９年の６５００ドルをボトム（底）として３万ドル

## 図表2-8　FRBの政策金利（%）

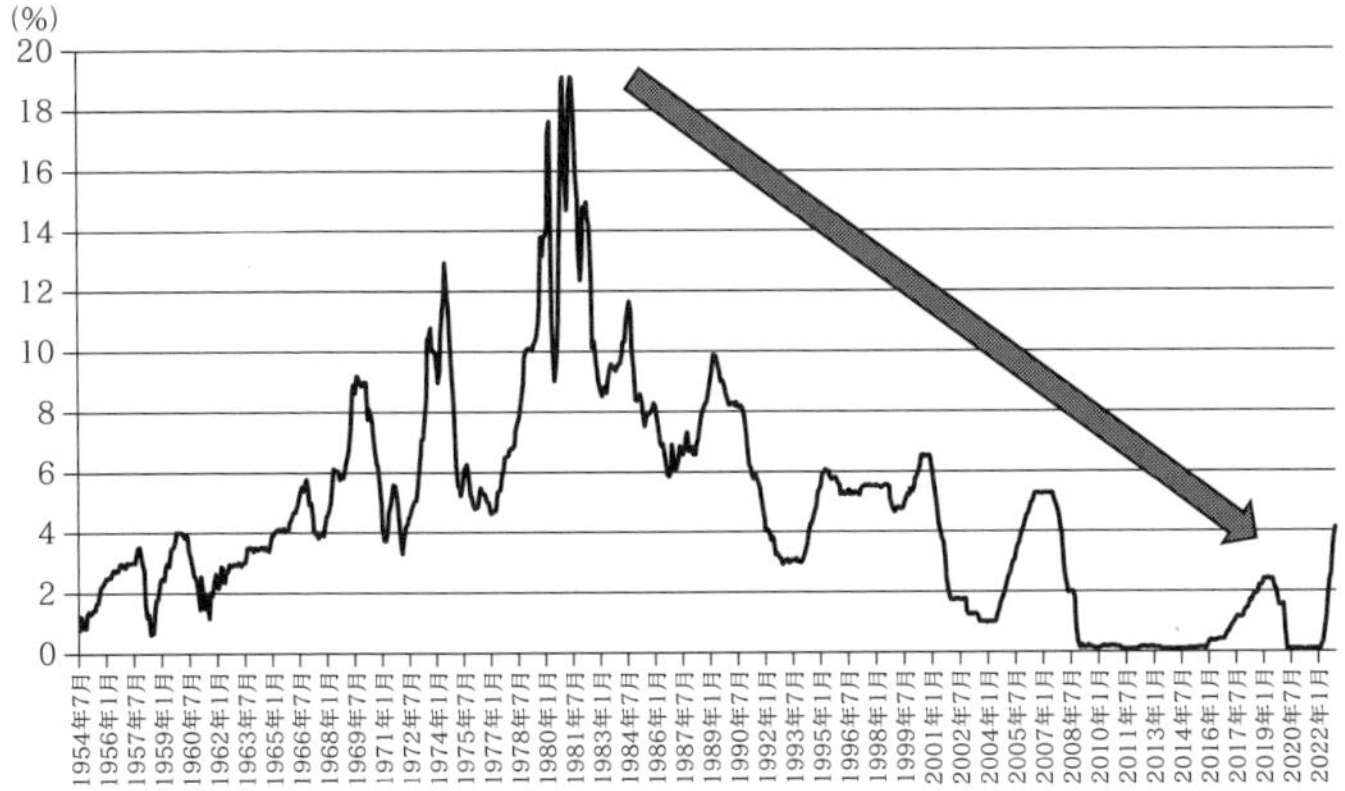


※月末ベースの数字。1980年以降、米国は長期金利を40年間下げ続けてきた

出典：FRBのデータをもとに著者作成

## 図表2-9　FRBと日銀の資産（バランスシート）残高推移

（2006年1月～2022年1月）

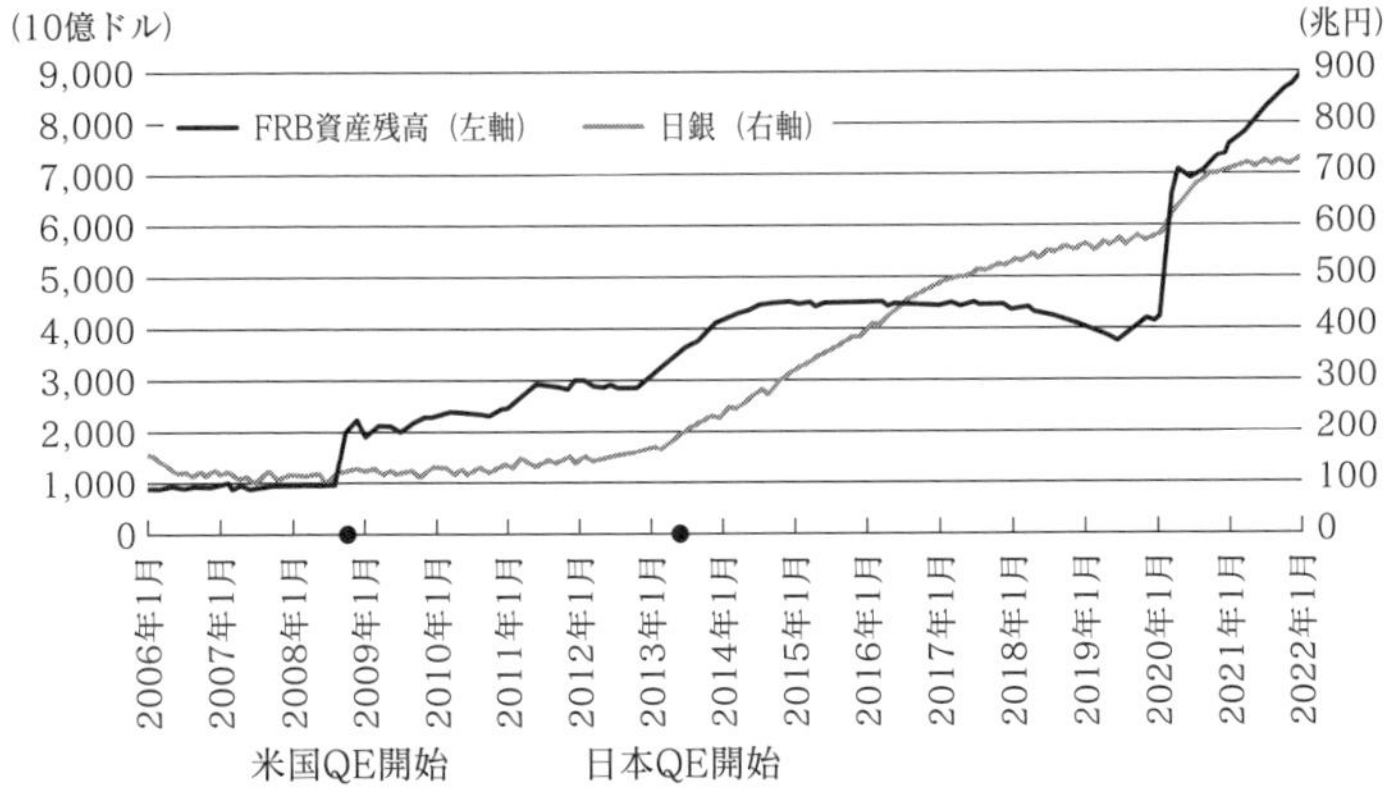


出典：ファイナンシャルスターのデータをもとに著者作成

を超えてきた。日本株にしても2008年の7000円割れから3万円台にまで上昇した。すでに米国株も日本株も前回のボトムから4倍以上に価格は跳ね上がっている。2023年3月現在もバブルの真っ只中にいるのだが、**今後バブルの最後のステージとなる猛烈な吹き上げが起こる可能性は高い。**

ここで長期的観点から金利動向を俯瞰してみよう（図表2-8）。途中もちろん小さな上げ・下げはあったにしても、米国は1980年代の20％台の金利から過去40年にわたって金融緩和政策を採り続けてきたようなものだ。これは何を意味するのか。米国内で見てみれば貯蓄などには振り分けず、本来向かわなくてもいいようなマネーまでもが凄まじい勢いで米国株式市場に入っていった。超長期で捉えればすでに40年前からバブルが発生していた、ということになる。

以前と比べそのプレゼンスは落ちたと言われるが、それでもなお世界最強の通貨がドルであるのは間違いない。その基軸通貨ドルを2008年のリーマン・ショック以降の14年間に米国は刷って刷って刷りまくってきた。その額はおよそ1000兆円に達した。

「FRBと日銀の資産（バランスシート）残高推移」を見ていただきたい（図表2-9）。世界的な金利低下の局面では、世界中の資金はより高いリターン求めて金利市場や債券市場から一斉に米国株式市場を目指した。それでもなおＦＲＢがお金を刷りまくったことから、そもそも貯蓄の概念が希薄で貯蓄に執着がない米国人としては、米国株を〝買う〟しかない。

この図表を見ると、日本と米国だけで資産残高は合わせて１９００兆円近くにも膨張しているが、裏側にはもっとあるはずだと思わざるを得ない。同時期に世界中の中央銀行、特に日本を含めて各国の中央銀行が金融緩和と紙幣のばら撒きを強行したことによって、真水の規模だけでも数千兆円、これにギャンブル、スペキュレーション（投機）も加えれば、その位はゆうに京円単位となっているのは間違いないだろう。

特に最大の賭場である米国の株式市場は、国内外から莫大な資金を吸い上げてきた。そして、２０２３年3月現在、バブルは現在進行形で進んでいる。

## ■インフレは収まらず、利上げもできない現実

ＦＲＢやヨーロッパの主要中央銀行はすでに利上げをしているが、この先は〝頭打ち〟となるだろう。

ＦＲＢが開く金融政策の最高意思決定機関にＦＯＭＣ（連邦公開市場委員会）があり、政策金利であるＦＦ（フェデラル・ファンド）レートの誘導目標は２０２２年12月現在、４・25～４・５％となっている。私自身は２０２３年末時点で政策金利が４％台にあるならば、御の字ではないかと考える。というのも今後世界経済が崩れそうなときに、金利を下げる余地ができるからだ。

これまでＦＲＢは、誘導金利を０％から４％台まで猛烈なスピードで引き上げてきた。だからといって、来年以降も同じペースで上げるのかといえば、そうではないのだ。いま少しの利上げの後、金利はゆるやかに弧を描くように頭打ちとなるイメージだ。

というのも、ＦＯＭＣの各メンバーによる今後の政策金利予測である「ドット・プロット」（２０２２年12月時点の中央値）を見ると誘導金利は２０２２年暮れには４・４％、そして２０２３年末には５・１％という数字が示されている。ここで、ドット・プロットについて詳しく説明しよう。これはＦＯＭＣ参加者による政策金利予測で、各メンバーの予測をそれぞれの点（ドット）として表示するものだ。

参加者は理事と地区連銀総裁の全員（定数19人）。２０２２年の年末はいくらの政策金利に

**図表2-10　FOMC参加者による適切な金融政策への評価：「ドット・プロット」**

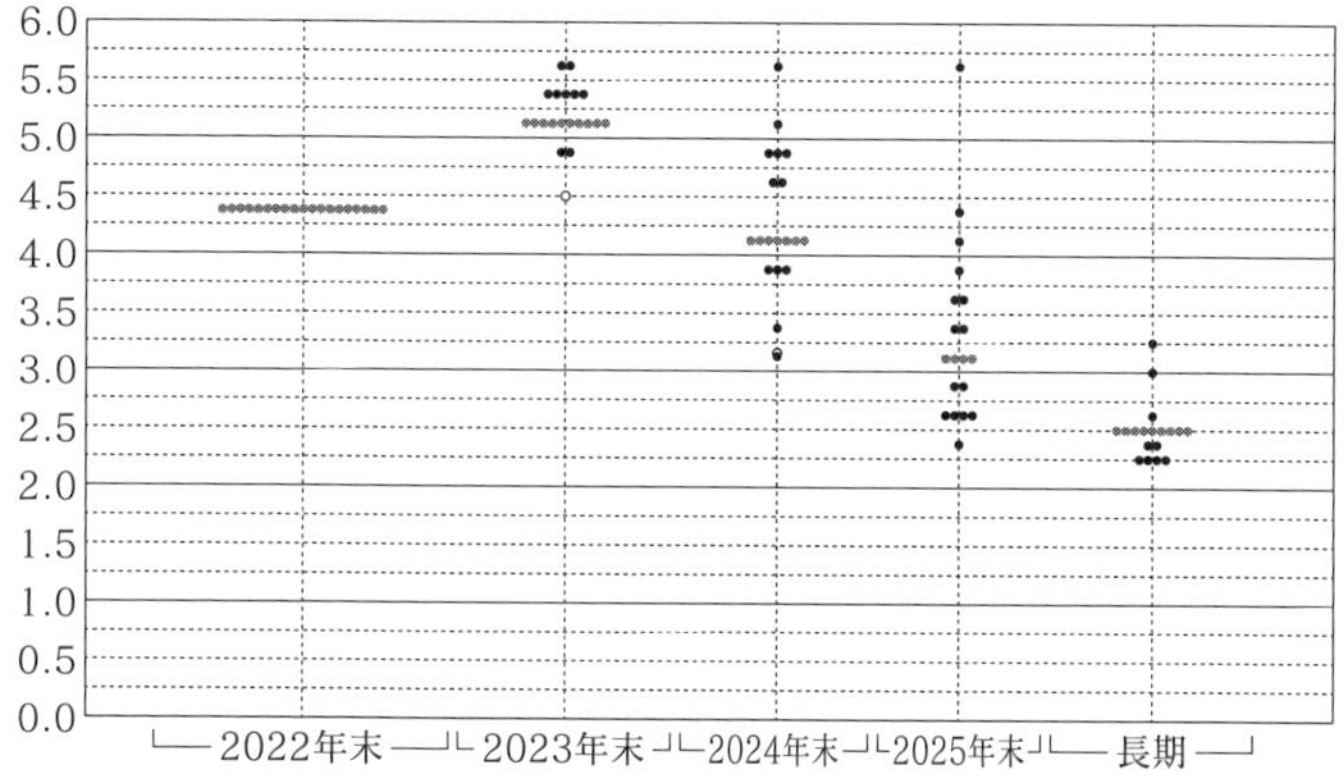


グレーのドットは中央値。データは2022年12月4日公表の経済予測に基づく

出典：CMEのデータをもとに著者作成

なるのか、23年末は、24年末は、それ以降は……。19人の一人一人の政策金利予測を点で表現したものを図表に表したものである。平均値を取ると、極端なレートを予測した人に引っ張られてしまうことから、この場合は中央値を取る。結果、ドット・プロットのなかで中央値の部分は、いちばん多くドットが打たれたあたりとなる。

２０２４年はさらに上昇するのかといえば、２０２３年で頭打ちとなって、むしろ下げ含みの様相となっている（図表2-10）。

そうした金利見通しになるのは、政策金利を決定するメンバー自身が急激な利上げを受けて米国の国内景気が鈍化する、あるいはインフレもやがては頭打ちになると予測しているためだ。

その一方で、米国においては経済を回すためにバブルをつくり出さなければならないという、大いなる矛盾も横たわっている。2022年の株式市場では大きなふるい落としがかけられた。株価が下落すれば、さらなる下落を恐れて市場の買い持ちは少なくなる。2023年で金利はいったん頭打ち、2024年初頭からは景気鈍化やインフレ抑制を理由にむしろ政策金利引き下げとなれば、資金は再度、株式市場へ流れ込みやすい。買い持ちが少なければ、慌てて買いに走る投資家も少なからず出てくるはずで、10月の大統領選までは株高というシナリオもこれで描きやすくなる。

日米金利差は縮小するとはいえ、日本の金利の引き上げが微々たるものであれば引き続き金利差を狙って、あるいは急騰する米株を見て、キャピタル・ゲインを狙った資金が日本から米国へと吸い寄せられるはずだ。

2013年2月、当時の安倍首相は衆議院予算委員会で、デフレは貨幣現象であり、金融政策で変えられるとの認識を示した。その意向を踏襲した黒田日銀総裁のもとで日銀は「2%の物価安定目標」を目指して2013年4月から異次元緩和を開始した。具体的には「消費者物価指数（除く生鮮食品）の前年比上昇率の実績値が安定的に2%を超えるまで、拡大方針を継続する」というインフレターゲットを設定した。

日銀が物価目標の目安としたのは3つある消費者物価指数のなかでも「コアCPI」と呼ばれるものだ。全ての対象品目から算出される「CPI総合」から天候などの影響で価格変動が大きい生鮮食品を除いたものとなる。

2022年4月、その「コアCPI」の前年比上昇率は消費増税要因以外で初めて2%を超え、9月には3%となった。設定したインフレターゲットに従うなら、足元の政策金利の引き上げまではせずとも、金利正常化に向けて少しずつ動き出してもおかしくないはずだ。しかし、2022年12月に長期金利の変動許容幅を0・5%に拡大したものの、黒田総裁は依然として緩和姿勢を崩そうとはしないし、2022年10月末の金融政策決定会合後の記者会見では物価目標達成に「コアCPI」では不十分とし、突如として「3%の実質的な賃上げ」と賃金動向を重視する姿勢を示し始めた。これはサッカーの試合の途中でゴールポストの位置を変えるようなもので、それがサッカーの試合の体をなさないように、これではインフレターゲットを設定した意味がなくなる。

2023年の3月で退任予定の黒田日銀総裁だが、そもそもなぜここまで黒田総裁の任期は長くなり得たのだろうか。黒田総裁がFRBに呼応する形で、言葉を換えれば米国にとって心地の良い金利体系を全力で維持してくれるからこそ、米国側は黒田氏の早期の退任を許さなかったのではなかろうか。したがって、任期もこんなに長くなってしまったのではないのか。

現状のように円安になろうが国内物価が上がろうがにっちもさっちもいかない国内の経済状況を見てわかるように、金融政策でできることには限界がある。超が付くほどの低金利に長年慣れてしまえば、やがて先行きが手詰まりとなる可能性も含めて、前任の白川方明《まさあき》氏は金融バブルの副作用を恐れて緩和を渋った。そのことで米国側から総裁失格の烙印《らくいん》を押されてしまったのかもしれない。そうした穿《うが》った見方もしたくなるのだ。

過去数十年を振り返ってみると、金利を上げる順番はいつも決まっていた。米国、欧州、日本の順である。なぜなら、資金拠出の究極のアンカーになりうるのは、現金をいちばん持っている、借金のない、世界最大の債権国である日本しかいないからだ。

## ■新たな日銀総裁・植田氏に期待される政策とは？

2023年2月10日（金曜日）、日銀の新総裁として植田和男氏（東京大学名誉教授、マクロ経済学者で元日銀審議委員）が黒田日銀総裁の後任として起用されることが発表された。

その直後から一時的には、為替市場も株式市場も波乱含みの様相を呈していたが、個人的な見立てではあるが、為替市場、特にドル／円のマーケット、そして円金利市場、さらには株式市場のいずれに与える影響いずれも、当面は限定的に過ぎないと見ている。

元米財務長官でマクロ経済学者のラリー・サマーズ氏は、

「日本のベン・バーナンキだと考えてもいいだろう」と評している。さらに植田氏が、バーナンキ元ＦＲＢ議長と、ほぼ同じ時期に米マサチューセッツ工科大学（ＭＩＴ）で学び、同氏の論文の指導者も同じであったことも指摘。

「植田氏はバーナンキ氏と金融経済における同じような分野を専門とし、穏やかで学者らしい学問的な話し方をするが、決断力もある」とリップ・サービスさながらだった。

ただ続けて、

「日本では極めて複雑な問題が待ち受けている。イールドカーブコントロール（長短金利操作、ＹＣＣ）政策をいつまでも維持することはできないと思う。植田氏の能力が試されることになる」と語った。この文言でサマーズが言いたいところはここだ。イールドカーブコントロールをいつまでも続けることはできないぞ！ということが、含意である。

一方、植田氏のマーケットに対するリップ・サービスとして、2023年2月10日時点でのメディアのインタビューに対して、「現状では金融緩和の継続が必要だ」と当時の黒田総裁の異次元緩和路線をサポートしている。

そして植田氏に関して参考にできるエピソードとしては、次のようなものがある。日銀は1999年に先進国で初めてゼロ金利政策を導入したのだが、グローバルマクロ的な経済の認識を見誤った結果、拙速にも2000年にゼロ金利政策を解除してしまい、日本経済の景気回復をさせられず、この政策は失敗に終わる結果となった。この当時の金融政策決定のメンバーは、総裁と副総裁を含めて9名であり、ゼロ金利解除に賛成票7名に対して解除に反対した2名だけだった。そのうちの一人が植田審議委員であった。

ほかにもポイントとなるのは、大蔵省（財務省）官僚畑出身の黒田氏や、企業買収のプライベート・エクイティ・ファンド畑出身のパウエルFRB議長とは違って、グローバルマクロ経済を専門にしている学者畑出身という点である。例えば金融危機の際にも、グローバルな視点で日本の立ち位置や状況を判断し、論理的かつ迅速な対応ができると期待されていることであろう。

## ■２０２３年末は、米国発の世界株高ユーフォリア状態

私が声を大にして言いたいのは、２０２４年末までに米国発の史上最大、かつ最後のバブルが起き、その後崩壊するなら、世界中の人々が相当なお金を失ってしまうということである。そして、もうそれはかなり高い確率で決まっている、とさえ私は思っている。なぜ米国では、国民経済の健全な発展に貢献するはずのＦＲＢがそんなことを許すのかと聞かれても、私が用意する答えは一つしかない。そうしたい誰かの意思が強く働くからだ。

むろんその前段階には米国発の世界株高で市場がユーフォリア（多幸感）状態が昂進《こうしん》し、２０２３年末は世界中がハッピークリスマスを迎えるのだろう。そうした感覚を我々日本人も１９８９年末に経験させられた。日経平均株価は12月29日の大納会に3万８９１５円まで上がり、財界人や大手証券会社は翌１９９０年には5万円まで上昇することを予想していたし、10万円になると宣した強者もいた。

今回はそれが米国発で世界中の市場で起こるのだ。それゆえに読者諸氏が、そのバブル崩

壊に巻き込まれないよう、本書で強く訴えているわけである。

私がいくら史上最大のバブル崩壊後に「危険だから買いはやめろ」と叫んでも、相場が下がればみんな買うのだろうが、せめて本書を読まれた方だけには、そうした難を逃れてほしいと思っている。

ウクライナであのような悲惨な戦争が起こっているなか、これだけ市中にお金が回っている。バブルにならない理由はむしろない。しかし、バブルは所詮バブルなのだ。

米国がロシアVSウクライナ戦争に絡むことにしたのも、お金を回すためだろう。戦費を稼ぎ、バブルを起こしてマネーを確保する必要があった。

ウクライナが各国に武器支援を求め、それに呼応して多くの国が支援を実施する。各国の在庫が一掃されれば、新たに補充がなされる。軍事費が年々引き上げられている現状では、軍需産業へ長期的にも利益がもたらされることになる。「死の商人」という言葉はもはや使い古された言葉なのかもしれないが、世界の主要武器輸出国のうちで最大のシェアを占めているのは米国で、それは4割にものぼる。

戦争もあり、皆が疑心暗鬼のなかで、じわじわと賭場は拡大していく。最後に世界中がバブル相場に参加したところで、世界株高ユーフォリア状態が出来上がる。

おそらく株取引の出来高が史上最大規模、史上最高値になったとき、メディアが「これだけ出来高があっても、株価は下がらない」と大騒ぎしたときが崩壊への〝転換点〟だろう。

そしてその後、最初にクラッシュするのは米国の株式市場で、中国発とはならないはずだ。というのも、中国株は国内経済が疲弊しているがゆえに向こう2年間で米株以上の大幅な上昇が見込めないからだ。米国がつくったバブルを米国で潰す形となる。

米国経済がクラッシュするのはもう目に見えている。ただし、暴落するのは2022年、2023年ではない。基本的には2024年の第3四半期、大統領選挙に向けてのタイミングまでの上昇とそれ以降の下落を考えている。現職大統領が再任するためには、是が非でも選挙が終わるまでは株価を高値で維持しておく必要があるのだ。

第1章20〜21ページのチャート分析（図表1-1）で見ると、2016年のNYダウが六陽連（月足で6カ月連続の高値引け）を示現したところが、上昇相場にはずみがつく合図となっている。歴史的なサイクルから考えると、バブル生成の期間はおよそ10年。2009年の安値6500ドルからはすでに10年以上が経過し、価格も5倍を超えてきている。現時点でバブルのピークを迎えていてもおかしくないはずだ。それなのに、なぜ2024年まで株価が急進する可能性があるのか。後章でさらに解説していくことにする。なお、2024年は、史上最大最後のバブルの頂点となり、最高値を打つのは極めて短時間、つまりあっという間に最高値から落ちてくるようロックオンされているのではないか。そのあたりの価格の動きも含めて、読者諸氏にお伝えしたい。

その100年に一度のバブルの崩壊が始まる2024年まで、残された時間はあと約1年、いよいよである。

そしてこれから、その前段階のバブルの最後の吹き上げのステージが現在形成されつつある。

第３章

# 米国とＦＲＢのもくろみ

THE GREAT RESET

## ■ＦＲＢが利上げした真の目的

新型コロナウイルスの感染拡大に伴う景気悪化を受け、ＦＲＢは２０２０年3月に政策金利を０％近辺まで引き下げる金融緩和を実施した。これ以上の金利引き下げの余地がない状況下での金融緩和策としては量的緩和策（ＱＥ：Quantitative Easing）がある。国債や住宅ローン担保証券（ＭＢＳ）などリスク性のある金融資産を中央銀行が直接買い入れることで、市中への資金供給を増やし景気を刺激することを狙うものだが、ＦＲＢは金利の引き下げと大規模な量的緩和を同時に行うことで好景気を推進してきた。

周知の通り、２０２2年からは一転、景気の回復はもちろんだが何より足元のインフレへの警戒感から、ＦＲＢは金融政策の正常化へと動き出した。

実際の正常化のプロセスは、

①　量的緩和（ＱＥ）の解除＝テーパリング開始

②　利上げ開始
③　バランスシートの縮小（ＱＴ：Quantitative Tightening）開始

となる。量的緩和の解除はテーパリングとも称され、ＱＥを続けながらも金融資産の買い入れ額を順次減らしていく作業を指す。雇用統計などの経済指標の改善に一定の成果が上がった時点で、ＱＥを縮小していく出口戦略となる。ＦＲＢは２０２２年3月にＱＥを終了すると同時に利上げを開始。さらに、それまでのＱＥによって拡大したバランスシートを縮小させるＱＴを6月からスタートさせた。こうした正常化のプロセスは前回のサブプライム危機と同じ行程となるのだが、前回よりも今回は大幅かつ速いペースとなった。

前回、２０１７年10月から開始されたＱＴでは、財務省証券と政府機関債、ＭＢＳの合計で、当初は月１００億ドルを縮小の上限とし、３カ月ごとに増額、最終的に月５００億ドルとした。一方、今回は縮小の上限額を財務省証券と政府機関債、ＭＢＳの合計で当初は月４７５億ドル、３カ月後には倍増して月９５０億ドルとの計画を打ち出した。そのためＦＲＢは3倍速で米国経済をぶち壊しかねないとの認識を持つ人が大多数となり、米国株は上がらず、リセッションを招くであろうと憂慮された。世界のトップ企業の70％のＣＥＯでさえ、ここ1、2年の間は景気後退場面と予測しており、ロイターやブルームバーグの論調も同様に景気低迷、株価下落を見通している。

にもかかわらずFRBは、インフレ退治のためとはいえ、米国経済が大きく崩れるリスクを侵してまで、なぜ、あのように強気で金利を引き上げられるのだろうか? 2022年の3月に0・25%、5月に0・5%、6月、7月、9月、11月には4回連続で0・75%、12月には0・5%と、わずか1年の間に7回の利上げがあり、4・25%も引き上げられた。さらに将来的な金利の予想中央値は、それ以前の4・6%から5・1%まで引き上げられた。

私の答えを述べると、FRBが強気の利上げをするのは、現状において米国株式市場は暴落しないとの〝確信〟があるからだ。そうでなければ、金利など上げられないであろう。

なおかつ、いま金利を一気に上げられるレベルまで上げておけば、2024年の大統領選に向けて、金利を下げられる。加えてQEも、仮に問題が生じたときには再開できる。そして残念ながら感染症はコロナで終わるわけではない。この30年間でも30以上の新たな感染症が発見されており、今後確実に来るはずの次なる感染症(サル痘なども含めた新旧感染症)がコロナを超えるパンデミックになっても、米国民向けの現金給付を復活できるだろう。

こうした十分なお膳立てさえあれば、世界中のマネーが、世界で最も準備万端で安全な国、かつ最大級の賭場でもある米国を目指し、米国史上最大級のバブルを演出できるからにほかならない。ＦＲＢはそのために利上げを行ったようなものである。

かつて逆張りの天才投資家がいた。先に紹介した私の尊敬する米国人投資家、ジョン・テンプルトン卿である。彼はあの世界恐慌の真っ只中の大底のときに、ＮＹ株式をひたすら買い占めた。次に、第二次世界大戦の開始時にも、ＮＹ株式を買い占めた。さらに彼は、日本がバブルになることをいち早く予想し、１９６０年代から日本株を買い付けて大儲けした。

仮にテンプルトン卿が生きていたなら、いまの米国の相場については「強い相場は悲観のなかで生まれ、懐疑のなかで育つものだ」と言い切るのではないか。

あるいは江戸時代における米相場の天才、世界で初めて先物相場なるものを考案した大阪堂島のコメ市場で活躍した本間宗久《そうきゅう》（１７２４～１８０３年）であれば、「野も山も皆一面に弱気なら、阿呆になりて米を買うべし」と言ったかもしれない。いまの米国の相場で皆弱気になっているなら、買いなさいということだ。はたまたこうも言ったかもしれない。「人の行く、裏に道あり、花の山」と。

## ■不可解なグローバル・マクロ・ファンドの沈黙

２０２２年第3四半期直前、米国市場では空売りのヘッジファンドが１００億ドル規模、つまり兆円単位の巨額資金で米国株を売りまくった。このとき、メディアは、インフレは収まらずに株価は暴落、米国経済はリセッションに陥ると囃《はや》し立てた。

それ以前、ＦＲＢが利上げを実施すると、スピードは速かったが開始までのタイミングが遅れたと批判し、さらに急速な利上げとＱＴによってインフレと不況が同時に進行して米国経済は崩壊のリスクに直面していると、過剰なまでにリスクを強調した。

これらの一般的なメディアの論調はさほど間違ってはいない。実際にいままでずっと低位にあった金利が上がり始めたのだ。株にはマイナスだ。さらにインフレが来た。これはもう米国経済はリセッションに向かう。定石ならば、そうなる。

だが、実際に米国が関与しているのは〝戦争〟である。そのためにドルの輪転機がぐんぐん回っている。これに関して誰一人として言及しないのが不思議なのだ。もし誰かが気づいたならば、米国経済は戦争特需を背景に好調なのではないかとなるのだが、今回はそうした指摘をするグローバル・マクロ・ファンドが一つもいない。

これまではグローバル・マクロ・ファンドの連中は米国経済の勘所を指摘してくるのが常だった。しかし、今回に限っては違う。これまではコロナ感染症拡大のため米国経済は医療関係で潤ってきたが、今度は主役が軍需産業に代わったのだ。バトンタッチをすることでさらに米国が潤う。これを指摘する人が一人もいないのが本当に不思議である。

これから米国が軍事産業でますます昂進していく最中に、なぜか米国経済がクラッシュするとマーケットは捉えている。これまでは２０２０年のコロナ・ショックから米国の医療産業が米国経済を引っ張ってきた。その期待が株価をオーバーシュートさせ、それが２０２２年秋口までに剝げ落ちたものの、２０２３年初めまでには、戻しつつある。それでもなお、株価の本格的な上昇には、疑心暗鬼の投資家も多い。インフレの状況次第で、ＦＲＢの金利政策（利上げの幅や回数）が変わってくるからだ。

湾岸戦争をスタートした際にも、米国株はずっと上がり続けた。２００１年の９・11のときも直後から株価は下落したが、米国が戦争に関わり始めると米国株は上がり始めた。

現状も同様に米国は戦争に関わり始めているのに、そのことを指摘するグローバル・マクロ・ファンドが一つもいない。

例えばジョージ・ソロスのクオンタム・ファンドやジュリア・ロバートソンのタイガー・ファンドなどは、戦争と経済の関連性について極めて厳しく、しかも正確な分析をしてきた。折に触れそれが世間の目に触れてきたのに、今回はその指摘がなく、それらが露呈してもこない。

過去には元政府関係者のローレンス・サマーズをはじめ、グローバル・マクロ・ファンドに関係する人物のコメントを読むと、その内容には極めて参考になることが多かった。なかにはFRBは愚かだなどと言及し、その理由を列挙するものもあった。それが見当たらないということは、何らかの箝口令《かんこうれい》でも敷かれているのかと疑ってしまうほどだ。

FRBが利上げをしようが、QT速度を速めようが、インフレ沈下に手間取ろうが、いちばん重要なのはマネーの話である。ここは皆さんも再確認していただきたい。

FRBは利上げを継続し、世界中から、特にEU、日本から巨額資金を吸い上げながら、ドル高をキープしている。繰り返しになるので詳細は省くが、米財務省は現状を、実質実効為替レートで50年ぶりの円安進行と認めてはいるが、特段問題視はしていない。

そしてここで忘れてはいけないのは、米国を象徴するもう一つのキー・エンジンである

「スーパー軍産複合体」の存在である。これについてロイターもブルームバーグも世界のトップ企業のＣＥＯたちもまったく触れていない。これはあまりにも不可解と言わざるを得ない。

## ■巨大なる軍資金を手に入れたバイデン政権

米国の産業界における双璧は、軍事産業と医薬産業だろう。両者ともに産業の裾野は際立って広い。湾岸戦争からスタートして、米国政府が世界各地で戦争あるいは紛争に関与し、財政出動するたびにスーパー軍産複合体は膨張を重ねてきた。

だが、２０２０年からのコロナ禍で膨大な政府予算を獲得したのはライバルである医薬関連業界であった。とはいえ、その波は静まりつつある。例えばメッセンジャーＲＮＡ技術でワクチンを開発したモデルナ社は、技術移転を恐れて中国での販売を断念せざるを得なかった。ところが、現在は先進国へのコロナワクチンの売れ行きが振るわないことから、中国に対する姿勢が軟化していると言われる。コロナワクチンのみの一本足打法の弊害が、もろに出ているようだ。

このように世界の状況が変わるなか、米国のスーパー軍産複合体はウクライナ紛争という絶好の「儲け場所」を得た。

２０２２年５月19日、ウクライナ防衛に必要な軍事品や食糧などを提供する「ウクライナ支援予算案」が可決された。２０２１年10月～２０２２年９月の会計年度に約４００億ドル（約５兆２０００億円）が投じられることになったのだ。さらに、２０２２年10月23日には４４９億ドル（約６兆円）に増額修正された。

この決定をいまかいまかと待ち焦がれていた米国のスーパー軍産複合体は色めき立った。ウクライナがロシアにいつ勝てるのかはわからない。戦争が長引くほど彼らは大儲けできる。ひょっとしたら期限なし、エンドレスのように捉えている可能性もあるだろう。

先にＦＲＢの利上げのタイミングが遅すぎるとメディアがこき下ろしたと記したが、実際にはそうではなかった。ウクライナ侵攻開始が２０２２年２月24日、ＦＲＢの利上げの開始は３月16日。利上げとテーパリングの実行で市場から消える金額以上の強力な軍資金を得ることが議決されたことで、軍需産業をメインに米国経済をより強力に回していけることが確定するまで、ＦＲＢはただひたすら待っていたわけである。要は「ゼニ勘定」の問題であり、シンプルな足し算・引き算に過ぎなかった。

何といっても戦争は、穿った見方をすれば、最大の需要を〝創造〟するイベントだ。ウクライナ支援予算案という福音を得た米国のスーパー軍産複合体は、おおいに盛り上がっている。読者諸氏もそこに注目してほしい。

宣言しておくが、マーケットやメディアがそこに気づくであろう２０２４年年末あたりには、ＮＹダウは３万５０００ドルから４万ドル近辺まで上がっているはずだ。

金融緩和と量的緩和をもってして株価を持ち上げるか、産業の裾野が極めて広大な軍産複合体を動かして米国経済を回すのか。今回の米国は後者を選んだ。ＦＲＢは後者で経済を運営していくことを確認してから、利上げ、テーパリングに臨んだということになる。

したがって、２年物国債の金利が高騰しようが、インフレ対策が手ぬるいとメディアから攻撃されようが、ＦＲＢは黙ってそのときを待っていたのである。

## ■お膳立てをほぼ整えた米国側

いま一度話をまとめてみよう。

米バイデン政権は、コロナ禍で経済活性化を図るために軍資金として現金給付を行い、株価を持ち上げた。一時的に経済を好転させたことから経済ファンダメンタルズは良好とされ、好景気を創出したが、異常な物価高騰でインフレによる景気後退を迫られることとなった。

ＦＲＢはインフレ退治のための利上げとテーパリングの実行を迫られるなか、経済を回すための次なる莫大な軍資金が必要だった。そのタイミングで起きたのが、２０２２年2月24日のロシアによるウクライナへの侵攻であった。

２カ月後の4月28日、バイデン大統領は米議会に対して、ロシアの侵攻に反撃を続けるウクライナの軍事、経済、人道支援を強化するため総額３３０億ドル（1ドル＝１３０円換算で約4兆２９００億円）の追加予算案を要求することを明らかにした。第二次世界大戦以来という欧州での地上戦の長期化を視野に、ロシアに勝利するまでウクライナを支える姿勢を、米国は一段と鮮明にした。

ここでは「予算の要求」「長期化」「勝利するまで」の３ワードが重要で、これらの文言は「莫大な軍資金を長期的にあるいは無期限に使える」ことを内包している。

これで息を吹き返したのが、いつの世も米国の成長戦略の要となってきたスーパー軍産複合体であった。軍需産業関連の裾野はとてつもなく広い。軍需産業から波及する経済効果は、ゆくゆく莫大なものになっていくはずだ。戦略国家である米国が成長するための生命線の大きな柱が確保された。

ＦＲＢはそれをしっかり確認したので、3月の０・25％に続き、5月のＦＯＭＣでも政策金利を０・５％上げたわけである。０・５％の大幅利上げは２０００年5月以来、実に22年ぶりのことであった。

5月31日、バイデン大統領はＦＲＢのジェローム・パウエル議長と会談を行った。約40年ぶりの高水準に達しているインフレ情勢をめぐって協議し、ＦＲＢにインフレ対応に向けた余地と独立性を与えると確約した。

バイデン大統領はパウエル議長との会談に先立ち、イエレン財務長官と会談したことを明らかにし、「私の最優先課題をめぐり協議した。それはインフレへの対応だ」と言明した。

このバイデン政権と財務省とＦＲＢの重要な三者会談で何が決まったのか？　今後の米国経済を牽引していく予算の流れが決まったのだと、私は捉えた。

この三者会談の2週間後、6月のＦＯＭＣが開かれ、政策金利を一気に０・75％引き上げた。利上げ幅は１９９４年11月以来、27年7カ月ぶりの大きさとなった。

ここまで利上げをしても米国経済はビクともしない。軍資金がぐいぐいと回っていく確信をＦＲＢが持っていたからである。ここがマーケットやメディアの読みと実際の流れに乖離《かいり》が見られるところで、マーケットやメディアがそこに気づくのは、２０２４年になってからだろう。

このＦＲＢの強気が、米国の動きを注視する世界の金主たちに対する重要なメッセージとなったのは言うまでもない。

「米政権エコノミストが国内経済を楽観」「景気後退は回避可能」

バイデン政権の経済諮問委員会のメンバー、ヘザー・バウシーは6月21日、「米国経済がリセッションに陥ることはない」との見方を示した。

「世界中のビッグマネーのお客様、安心して米国にお越しください！（Well come back!）」

こうして満面の笑みを振りまいて、世界の金主たちを米国株式市場に呼び込むお膳立てはほぼ整いつつある。さすがに世界最高の映画づくりができるムードメーカーの演出は卓越している。

ここまで読み進まれてきた読者諸氏には、なぜ高インフレという窮地に立たされても、米国の株式市場が暴落せずにいるのか、おわかりいただけたはずだ。

ＦＲＢが政策金利を上げても、米国の株式市場はさらに強くなっていく。この点を見落としたために、各社のＣＥＯもロイターやブルームバーグなどのメディアにしても、なぜ利上げしたのに株価は下がらないのかと、疑心暗鬼に陥っているわけである。

２０２２年の米国は11月に中間選挙が待っていたため、株は下げられなかった。もくろみ通り、中間選挙に向けてショートカバー（売り持ちの買い戻し）で上がり、底堅く推移していった。ブルマーケットであるがゆえ、基本的にマネーの回転が良いことが奏功した。

繰り返しになるが注目してほしいのは、ＦＲＢがこれだけ政策金利を上げても、株価が落ちないことであり、そこが大事である。推奨セクターは重厚長大と軍需産業。理由は、各国が戦時経済体制になっており、議会で予算が通りやすい環境にあるためだ。

２０２４年になれば、マーケットは「今回だけは違う。今回はバブルではない。米国株式市場は盤石だ」と声を張り上げるだろう。

だが、そもそも米国経済は盤石ではない。

第1章で論じた通り、リーマン・ショックのときにすでに米国経済は実質的に終わっていた。結局、ごまかしごまかしして、ここまで来てしまった。今後マーケットが崩れ始めたときには、本当にそこがボトムかどうかをマーケットが時間をかけながら確認しにいく。その繰り返しが続くはずだ。これは決して人為的なものではなく、マーケットがそう動いてしまうのだ。

これから２０２４年後半までの1年半余り、米国株は確実に強烈なバブルの波に乗る。この投資チャンスを、皆さんにはしっかりと摑んでもらいたい。そして２０２４年前半には確実に逃げてもらいたい。

## ■米国経済のクラッシュとガラガラポン

ＦＲＢとしては金利を上げて、２０２４年の大統領選挙前までにいわゆるゾンビ企業を何とか整理したい。当然、借金体質の小型ベンチャーも含まれる。米国株式市場がいかに健全であるかを見せつけて、世界中のマネーをかき集め、株価を史上最高値に乗せたいからだ。

つまりＦＲＢの本音としては、いまの米国に本当に必要な、いわゆる重厚長大企業の株価だけを上げたい、ということだろう。これまでのような量的緩和の状況下では、マネーは低金利やゼロ金利前提のベンチャー企業株に流れがちだった。ゼロ金利に近い余剰資金が大量にあればイチかバチかの企業で一攫《いっかく》千金を狙うのも悪くない。しかし利上げとなれば別だ。

それなりの利息がかかってくるマネーをリターンも定かでないものに投資するわけにはいかない。利上げが実施されそうだと言われ始めてから小型成長株が投げ売り状態になり、代わりに重厚長大型企業にシフトしてきたのは、ある意味では定石と言える。本当のバブルをつくるためにも、理に適っている。

２０２３年後半から２０２４年前半の時期は、ゾンビ企業が高金利によって始末された後なので、逆に残った株についてはどれを買っても上がるような環境になっているはずだ。そのためマーケットは「今回だけは違う。今回はバブルではない」と声を張り上げることだろう。

しかしながら、その一方で、最終的には、米国はガラガラポンをしないといけない。米国株式市場がクラッシュするのは、すでに解説した通り、自国通貨ドルにもはや価値を見出せないからであり、米国に先がないからにほかならない。

クラッシュするときには、もう何もかもが下がる。本書では最もリスクの高い、ピークから10分の1まで暴落するシナリオを採用している。いまのＦＡＡＮＧ（Facebook〈２０２１年10月よりメタに社名変更〉、Apple、Amazon.com、Netflix、Google）も例外ではなく、２０２４年のバブル崩壊で急落するだろう。

しかし、その後の米国経済を10年、20年牽引していく企業は必ず浮上してくるのだと、私は思う。ＭＴＳＡＡＳ（Microsoft、Twilio、Shopify、Amazon.com、Adobe、Salesforce）はその候補かもしれない。

第４章

# 繰り返される歴史

THE GREAT RESET

## ■バーチャルからリアルへと引き戻される

ここまで何度も申し上げてきた通り、史上最大にして最後のバブルが弾けるのは2024年11月の米国大統領選挙の前後2カ月あたりと思われる。その結果として、大恐慌が世界中を覆うことになるだろう。

バブル崩壊後の米国は、日本経済が経験したスーパー不動産バブル→株式市場暴騰→株式バブル崩壊により陥った、失われた20～30年を凌駕《りょうが》する経済低迷期をさまようのではないか。

全ての資産価格が永遠に上がり続けるということはあり得ない。必ずどこかで〝臨界点〟が訪れる。FRBも含めて世界中の人々は世界の頂点、世界最高の賭場である米国株式市場に上昇し続けてほしいと切望するのだろうが、それは叶《かな》わないだろう。

そのときになって、皆ふと我に返るに違いない。ジャブジャブの資金供給の末に莫大な金融資産となった通貨も、膨大な資金を溜《た》め込んだ株式市場も、単なる紙切れでしかなかったのだと。そうだ、我々は紙切れを追いかけていたのだ。金融資産がどれだけあっても、モノがなければ、モノの値段はとことん上昇する。輪転機で刷りまくった通貨の価値はすでに無残なまでに棄損されてしまっている。

となれば、物々交換とまではいかないまでも、株式至上主義たる株式本位制から、現物至上主義となる「商品本位制」へと、次のフェーズに時代が大きく変化していくこととなるのは必定とも言えよう。

かの『信長公記』にも記され、織田信長が好んで舞い謡った、幸若舞《こうわかまい》の演目「敦盛」の有名なセリフ「人間五十年　下天《げてん》の内をくらぶれば　夢幻《ゆめまぼろし》の如《ごと》くなり。一度《ひとたび》生《しょう》を得て滅せぬもののあるべきか」ではないが、人の世は夢や幻のように儚《はかな》く、滅しないものなどない。

我々は株価の大暴落とインフレにより、紙切れ（食えないもの）を追いかけていた、いわばバーチャル（株式市場）の世界から、農作物などのコモディティ、貴金属、資源エネルギーの現物至上主義、つまりリアル（食えるもの）の世界へと引き戻されていく運命にあるのだろう。

## ■機能しなかったトリクルダウン理論

１９２７年から１９３３年の史上空前のバブルの頂点から大恐慌時代を経験した世界情勢と米国経済を鑑みるにつけ、象徴的な言葉がある。それは１９２９年に第31代大統領となったハーバート・フーバーが発した「永遠の繁栄」である。同年３月、フーバーはこの世の春を謳歌していた頃の宴《うたげ》の演説のなかで、「我々は最終的な勝利に近づいている」とまで言ってのけた。まさに「驕《おご》る平家は久しからず」のたとえ通りではないか。

同年10月24日（木曜日）のいわゆるブラック・サーズデー、週明けのブラック・マンデー、続くブラック・チューズデーにより、米国経済は音を立てて崩壊していった。

要はこの当時も、マネーの足し算・引き算だけの問題であった。米国にはマネーがあったかのように見えて、実際にはマネーがなくなってしまったのである。

どういうことなのか？　第一次世界大戦（１９１４～１９１８年）で欧州各国は大きな痛手を受けてボロボロに疲弊したことに加えて、一次産品輸出諸国も農業不況に苦しんでいた。

**図表4-1　第一次世界大戦後における主要国の工業生産指数**

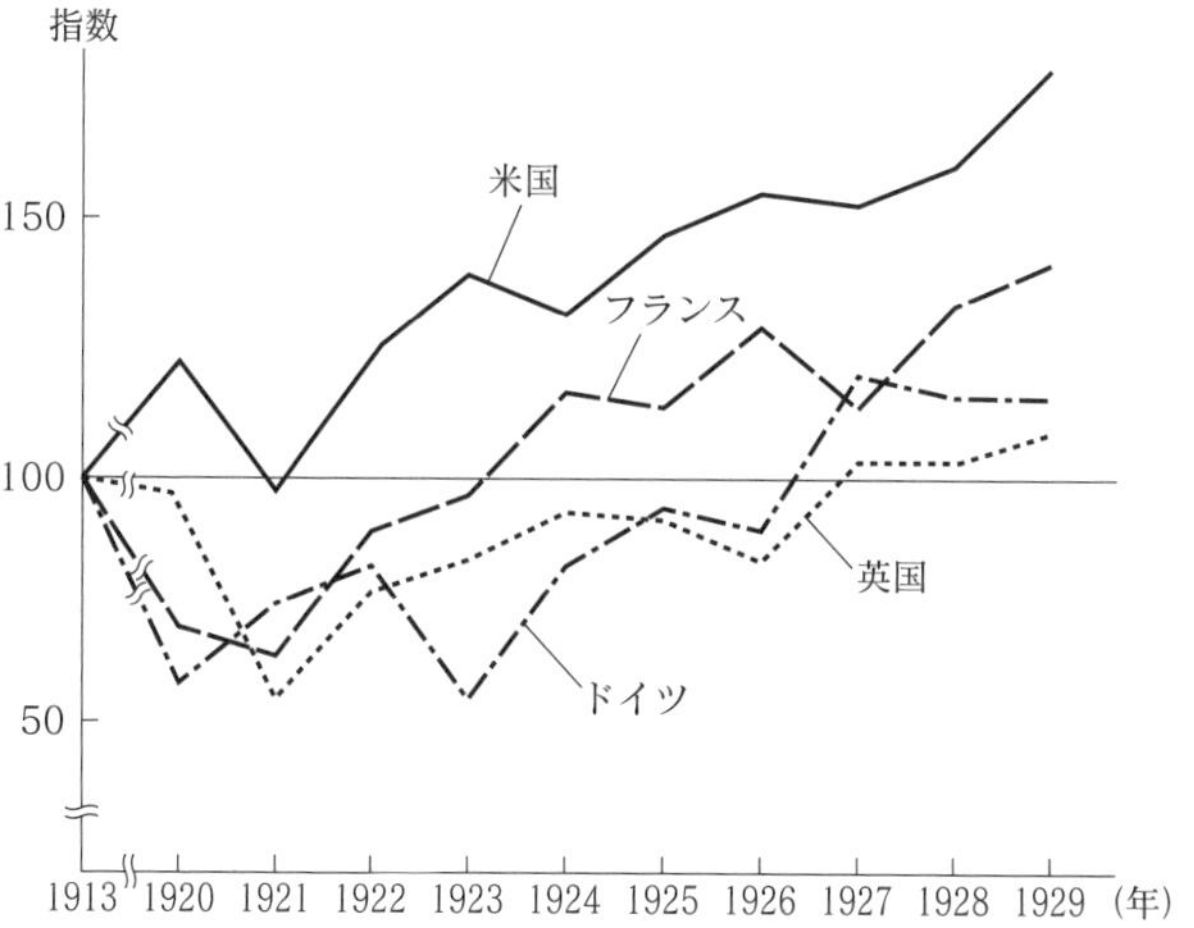


出典：『日本銀行百年史』第3巻、1983年

一方、モンロー主義を貫き欧州に比べればほとんど無傷であった米国は、大戦中から戦後にかけて、欧州各国からの莫大な需要に応える形で資本財を輸出し、急激に生産力を拡大していった（図表4-1）。

米国は戦争特需により、降って湧いたように対外競争力が相対的に上昇したことから、欧州に成り代わって自動車産業、さらには摩天楼建設に代表される建設産業など、裾野が極めて広い耐久消費財産業をメインに高成長を継続させた。

大繁栄を遂げた米国は、世界経済の中心であり続けた。自動車産業から道路事業が発展し、住宅産業、建設産業から電気事業に至るまで追い風が吹き、瞬く間に未曽有の好景気をつくり上げた。
1925年中に米国の工業生産は戦前の5割増し以上の水準となっていたのに対して、ヨーロッパ、特に英・独の回復は厳しかった（図表4－1）。戦場から遠かった米国に対して、戦場となった欧州各国は対外債務もあり、特にドイツは膨大な賠償金の支払いを抱えつつハイパー・インフレーションに見舞われた。そして米国は第一次世界大戦をきっかけに、それまでの債務国から債権国へと変貌した。

まさしく米国の濡れ手に粟の状態が景気を盛大に持ち上げ、株式ブームを到来させる要因となった。すると米国人のスーパーリッチだけでは収まらず、世界中のマネーが世界でいちばん安全で世界最強の経済国家であり、好景気に沸く世界最大の賭場である米国株式市場に集中した。ギャンブラー、スペキュレーター（投機筋）、リアル・マネー（長期的に安定的な利益を得ることを目指す投資資金で年金基金や生命保険会社、投資信託など）、一庶民に至るまで全てを飲み込んで狂乱相場が出来上がった。特にバブルの最後の急騰に一役買い、崩壊の規模が大きくなったのは、当時の取引の多くが証拠金取引だったこともあろう。実際の株の買い手は、買い付け価格の一部だけを証拠金としてキャッシュで払えばよかった。実際の株価と

## 図表4-2　1929～33年世界大恐慌前後における実物投資を目的としない証券発行の拡大

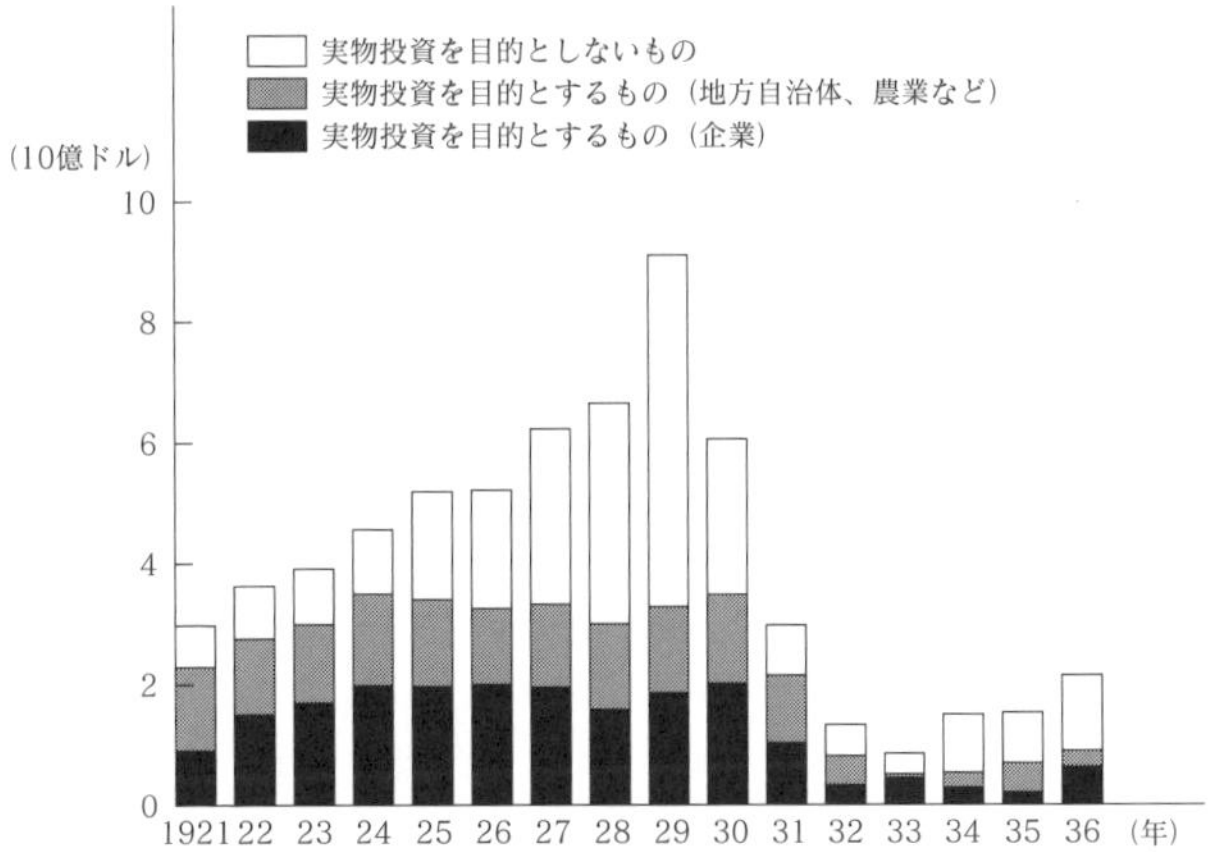


出典：吉富勝『アメリカの大恐慌』日本評論社、1965年

の差額はブローカーズ・ローンで調達することになる。証拠金取引が常態化するなかで顧客の信用分析もなされず、皆、限度額いっぱいに株式を買い増しした。１９２８年以降は金利が上昇していたにもかかわらず、配当やキャピタル・ゲインなどの余剰資金が、高金利を目当てにブローカーズ・ローンに流れたため、勢いは衰えず、ますます株式市場に資金が集まっていった。

　株価は上昇していたが、それが雇用の拡大や低所得者層にまでおよぶような賃金アップには繋がらなかったため、需要の増加には至らなかった。その結果、実際の購買力とは大きくかけ離れた過剰生産と過剰投資がなされ、生産とは関係のない会社が投機利益を求めて

## 図表4-3　米国の建築額と自動車生産額

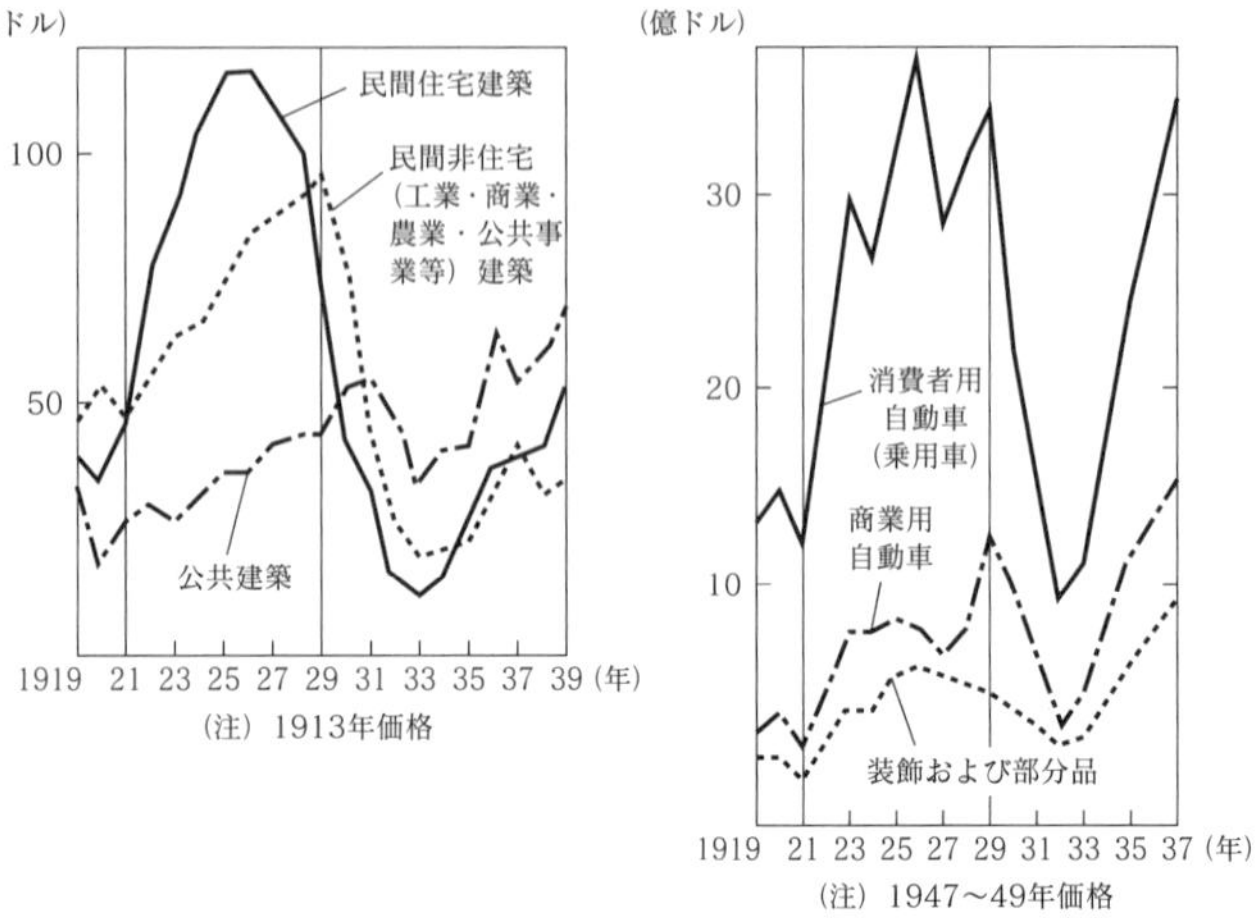


出典：侘美光彦「世界大恐慌の発生過程（３）」、「経済学論集」第50巻第３号（1984年10月）

株式発行を行う。こうした実物資本の形成との紐づけがない非生産的証券の発行は、１９２８年には総発行の56％、翌１９２９年には65％になったとされる（図表４-２）。

しかしそんな時代が永遠に続くはずもない。いよいよ米国内では生産力が過剰となった。需要が一巡したあとは頭打ちとなり、商品が売れ残る事態が発生したのだ。景気後退のなか、企業側は製品価格を維持するために生産を制限した（図表４-３参照）。そうした生産抑制は労働者の賃金を減少させ、それが消費財への需要も減退させることになる。大量生産、大量消費にものを言わせて耐久消費財をつくっても、１９２０年代後半の実質賃金の上昇は乏しいため、購買層の裾野の広がりには至らず、さらにはその後の生産抑制により賃金が減少、結果的に米国のＧＤＰの７割強を占める購買力が大きく減退した。ちょうど同じ時期に、欧州諸国が第一次世界大戦後の復興により徐々に経済を持ち直し、米国製品と競合してきたため、売れ行きが鈍った。大戦時に高騰した農産物も、復興期には各国の生産が増大。供給過多により価格が下落したため、農業不況を引き起こすまでになった。こうして一気に資本財の輸出に翳《かげ》りが出て、工業製品はもちろん、農作物も売れなくなってしまった。

またその頃、フロリダではすでに空前の不動産バブルによる土地への投機が１９２６年に弾けたこともあり、かなりの数に上る銀行が倒産に追い込まれていた。

あとで詳しく解説するが、１９２０年代半ば当時、米国では気候のよいフロリダに別荘を持つブームが沸き起こっていた。別荘の前売り販売が好調に推移するなか、二度のハリケーンに見舞われたフロリダは壊滅状態となった。その煽りを受けたのが、フロリダの別荘ブームを見越して過剰な融資をした地元銀行だった。彼らはことごとく破綻してしまった。

米国株式市場の話に戻ると、株価の高騰はごく一部の高所得者層のキャピタル・ゲイン、インカム・ゲインになっただけで、米国民全体への所得分配には繋がらなかった。金持ちはより金持ちになり、貧者は貧者のままでしかなかったということである。いわゆる〝新自由主義者〟が説くトリクルダウン理論（富める者が富めば、貧しい者にも富が渡り、経済が活発化するという理論）は、ここでもやはり機能しなかった。

これが米国全体の購買力を落とす原因となり、景気の原動力であった耐久消費財の需要は臨界点を迎えた。実体経済が限界となったにもかかわらず、投機が投機を呼び、ＮＹダウはさらなる高みを目指していた。まさしくバブル・オブ・バブルだった。

それでも当時のＦＲＢは、飽くなき熱狂を冷ますために１９２９年8月8日、公定歩合をそれまでの５・０％から６・０％にまで引き上げている。

ここからＮＹダウは激しく上下動し、不安定な相場展開が生じた。これは為替市場でも同じなのだが、例えばかつて1ドル＝75円に突入したときも、１４７円に上昇したときも、激しい上下動があり、どうにも手がつけられない動きを見せた。相場の最高値または最安値で示現される、相場が持つ独特のパフォーマンス。重要な転換点をその動きの激しさから〝相場〟が教えてくれることも決して少なくはない。

実は１９２９年2月7日、イングランド銀行は公定歩合をそれまでの４・５％から５・５％へと引き上げ（図表4-4）、米国への資金流出に歯止めをかけようとした。

## 図表4-4　英国と米国の公定歩合の推移

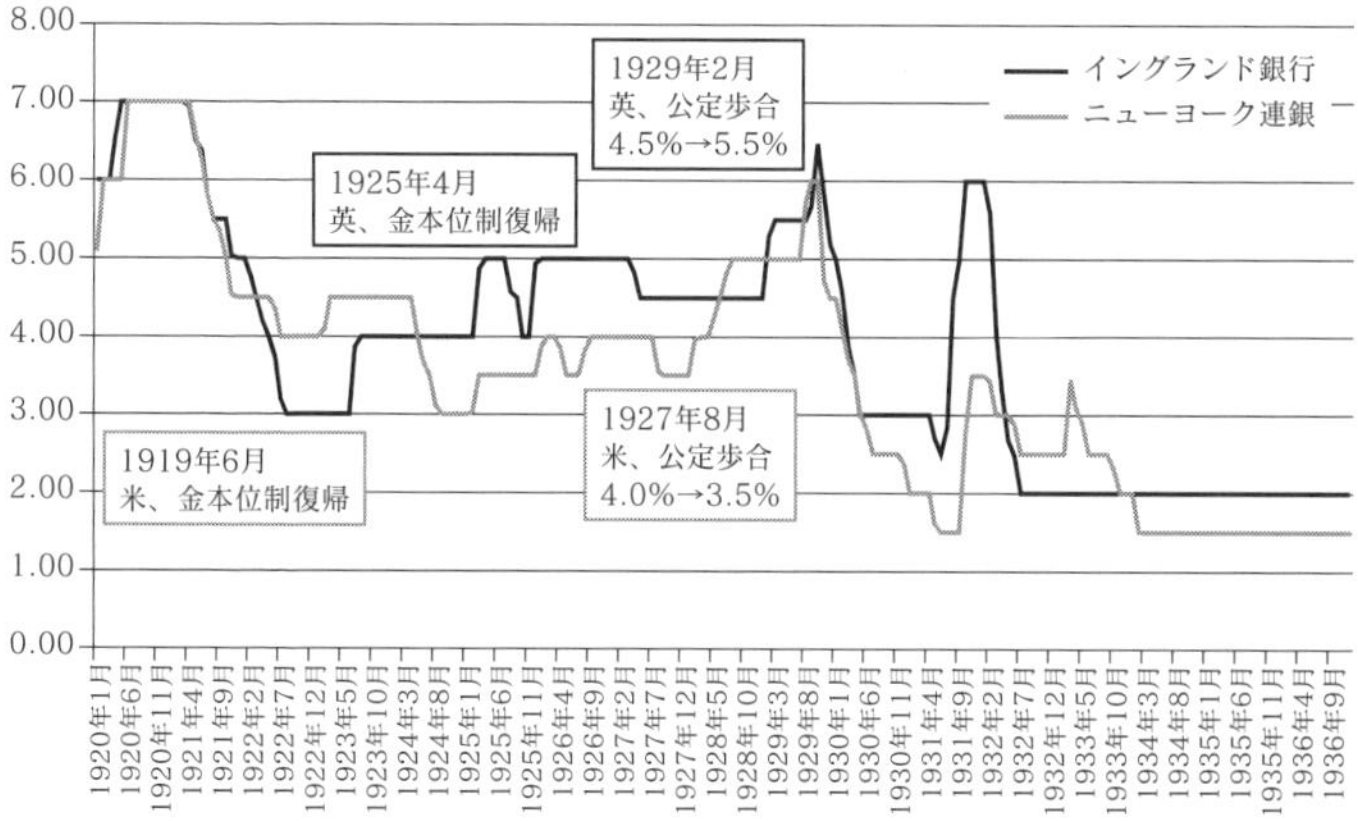


出典：FRBのデータをもとに著者作成

同日、ＦＲＢがＮＹ市場の投機的な動きに対して異例の警告を出したこともあり、株価は急落を見せた。それでも、先述のフーバー大統領が就任すると、株価は再度上昇を始めたのであった。８月８日にはＦＲＢの利上げがあったが、それでもなお米国における投機熱は収まらなかったのは前述の通りである。

ところが、９月３日をピークとして、株価は、下落を始める。そしてついにバブルにとどめを刺すトリガーを引いたのは、またもやイングランド銀行であった。９月26日に再度利上げを実施し６・５％へと政策金利を引き上げたのだ。米国に滞留していた莫大なマネーが英国になだれ込むきっかけとなった。これを契機に米国株式市場は、引き算が引き算を呼ぶ負の連鎖スパイラルへ、そ

## 図表4-5　米国大恐慌における主要経済指標の下落率

| | 恐慌直前 | ボトム | 下落率 |
|---|---|---|---|
| 米国実質GNP | 1929年＝100 | 1933年＝71 | △29% |
| ・工業生産指数 | 1929年9月＝122 | 1933年3月＝56 | △54% |
| ・卸売物価 | 1929年＝96.1 | 1933年2月＝59.8 | △38% |
| ・株価（ダウ工業株） | 1929年9/3＝381.17ドル | 1932年7/8＝41.22 | △89% |
| ・失業率 | 1929年＝3.2% | 1933年5月＝25.6 | |
| 名目世界貿易額 | 1929年＝68,619百万ドル | 1934年＝23,283 | △66% |

## 図表4-6　1929年1月〜1933年3月における世界貿易の螺旋状の収縮

（75カ国の総輸入、月額、単位：百万ドル）

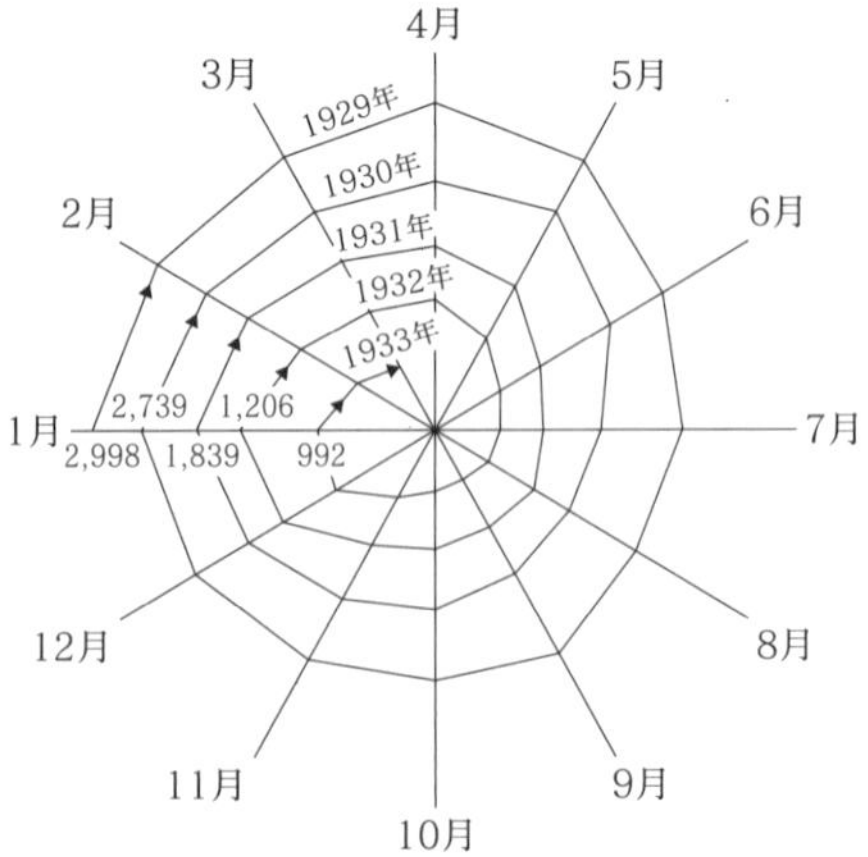


出典：Kindleberger, C., The World in Depression 1929-39, Berkeley: University of California Press, 1973.（石崎昭彦・木村一朗訳『大不況下の世界1929〜1939』東京大学出版会、1982年）

して大恐慌へと突入していった。資本主義世界の工業水準は、1908〜1909年の水準に逆戻りしたとされる。大恐慌における米国の経済状況の悪化、および世界経済の収縮の凄まじさは、図表4-5と図表4-6からもよくわかる。10月の暴落の背景には英財閥の破綻、ボストンの電灯会社の株式分割申請が不許可になったことなど様々な逸話が残る。いずれにしてもこの大暴落がその後の世界恐慌へと発展していくとは当時、誰も想像をしていなかった。

私に言わせると、この株価の大暴落にしても大恐慌にしても、ただ単にカネの切れ目が縁の切れ目だったことにほかならない。当時どれだけのマネーがバブルとなって消えたのか？　おそらく現在の金額に換算すると1000兆円、2000兆円クラスだと考えられる。

## 性懲りもなく繰り返される歴史

「1927年→1933年型世界恐慌」と今次の「2022年→2028年型世界恐慌」を比較すると、全てが重なるように相似している。ここからはさらにそれをクリアにするため、詳細を突き合わせてみたい。

今回確実に起きるバーストは、日本が経験した「1987年→1993年の不動産スーパーバブル&株式市場バブル崩壊」のレベルをはるかに凌駕する衝撃となるだろう。ここまでお伝えしてきた通り、本書では「1927年→1933年型世界恐慌」を踏襲する〝グレートリセット型〟のシナリオを描いている。

金融恐慌、金融収縮、大恐慌の順に進行するプロセスもわかっている。世界中のマネーが集中した米国発の世界大恐慌に発展するのは、自明の理と言えよう。

なぜそこまで行かねばならないのか？　「1927年→1933年型世界恐慌」の時代背景と現在とではまったく違うではないか。そう異論をはさむ向きがほとんどであろう。

私としてはただ、こうお答えするしかない。

どんなに時代が変わろうとも、いくら進歩した生活が営まれようとも、経済規模が違おうとも、人間の欲望、熱望、渇望、ギャンブル、スペキュレーション（投機）には限りがないからだと。それらは歴史が明白に証明しているではないか。

マーケットにはその臨界点が必ずや存在している。そして、どんなに時代が変わろうとも、人間の〝本質〟である欲望、その発露となる熱狂、狂乱、狂騒に人間は抗《あらが》えない。それゆえマーケットの臨界点を越えていってしまう。だからこそ、「歴史は繰り返す」ことになる。

## ■バブルの原点となったフロリダの不動産ブーム

ここでいま一度、１９２０年代の米国の歴史を俯瞰してみると、１９２９年10月の「暗黒の木曜日」に向かう兆しが、すでに10年近く前のフロリダから始まっていた。

フロリダにおける不動産ブームは、１９２０年代は信じられないほどの熱狂とともに、莫大な富を生み出し、それは同時に、米国人の生活様式が急激に変化した時代であった。この不動産ブームは、米国史上最大とも言える人の〝移動〟を生み出した。

加えて、米国人以外の投資家、投機家の面々が、湿地帯だった場所から急速に発展した美しく人目を惹くにぎやかな新都市に群がった。

別の視点から見れば、このフロリダのブームは、米国の生活スタイルの進歩と新たなる多様化文明を生み出していった。ブームが始まって以来わずか5年で、フロリダの中心都市であるマイアミの人口は3倍に膨れ上がった。

フロリダにおいては、ギャンブルも飲酒も容認されていた。このこともフロリダのブームをおおいに後押しした。大物や実力者（財閥）、有名人に加え、詐欺師までもが押し寄せた。心地よい日差しのなかで、新しくまばゆいばかりの米国の「フロンティア・スピリッツ」は喧伝《けんでん》され、利用され、活用されていった。

強欲にまみれるフロリダのデベロッパーたちは、主要都市に不動産営業所を構え、動く看板のごとくリゾートを宣伝し、人々を興奮させた。この時期にはすでに不動産価格が高騰し始めていたので、フロリダに関心を抱く人々には、史上最大の不動産ブームのファーストフロアに入る最後のチャンスのように見えたのであろう。

そうなってくると、フロリダの不動産投資ブームは全米を巻き込むこととなった。米国の富裕層以外の投資家（財閥）、投機資金、平均的な米国人が不動産や開発の一部のオプションを購入するまでになり、おびただしい数の人々がフロリダに殺到した。

これまでの米国の歴史のなかで最大の不動産取引が行われたことから、当然ながら、不動産バブルが膨れ上がった。

例えばこんな出来事があった。海辺の一等地のリゾート開発について、新しいセグメントが売り出されると発表され、それと同時に誇大宣伝がこれでもかと打たれた。物件・権利を購入したいがために投資家たちがたかってきて、その数は異常なほど。投資家たちの小切手がいたるところで飛び交い、確認するのも難儀であった。そしてその日に幸運至極にも購入できた高額物件・権利はわずか3、4日後に、3倍もの値段で転売された。まさしく、人間の狂気からくる土地投機への狂乱の極みと言えた。

フロリダ州の不動産市場に多くの外部投資家が容易に参入できたことも、価格高騰を後押しした。

1920年代のフロリダの繁栄は米国中の投資家たちに、不動産バブルの格好のリゾート地、熱帯の楽園のイメージを植え付け、魅了するに至った。

デベロッパーがニューヨークのタイムズ・スクエアで「マイアミは6月だ」とする巨大な広告を掲載すると、瞬く間にフロリダの土地価格は上昇し始めた。価格の高騰と軌を一にして、新規プロジェクト数は膨大な数に上った。

しかしながら、「買うから上がる。上がるから買う」といった狂乱が最高潮に達したとき、投機は終わるのである。

## ■皮肉にも人々の投資意欲に火をつけたフロリダバブルの崩壊

1925年1月、米国のビジネス誌「フォーブス」は読者（投資家）に向けた重要な記事を掲載した。

「フロリダの不動産価格は手に負えず、買い手を見つける希望だけに基づいている」

実質的な〝警告〟であった。

ちょうどその頃、ポンジ・スキーム（詐欺師ポンジ・スキームの名に由来する投資詐欺）を恐れたIRS（米国内国歳入庁）が、フロリダにおける不動産投資の調査を開始した。臨界点に達したフロリダの不動産市場への新規参入者は減少傾向となり、不動産価格の伸びも鈍化していた。そして、バブルが崩壊するための全ての条件が満たされていった。

1926年に入ると、とうとう買い手の流入が衰え始めた。ブームに翳りが見え始めた矢先、不運な出来事が起きた。同年1月10日、マイアミ港の入り口に浮かぶホテルに改造されることになっていたデンマークの古い軍艦「プリンツ・ヴァルデマール号」が転覆したのだ。

国内の人口拡張に呼応し、すでに鉄道は輸送料金の引き上げを開始していた。そこへプリンツ・ヴァルデマール号の転覆事故が発生、マイアミへの航路が遮断された。港の閉鎖に伴い、熱帯の楽園という都市イメージが崩れ出した。報道される難破船の写真が、多くの人々に酷《ひど》い心理的影響をおよぼすようになった。あれほど熱中していたフロリダに誰もが嫌悪感さえ抱くようになってしまったのである。

そして1926年9月、10月に二度のハリケーンがマイアミのリゾート地を襲い、完膚なきまでにマイアミは破壊された。こうして米国における空前の不動産バブルは崩壊の時を迎えた。

翌1927年から1928年にかけて、メジャーな不動産会社が次々と倒産した。彼らに莫大な金額を融資していた100行近くの銀行（フロリダ以外も多数含む）も倒産に追い込まれた。

このフロリダでの不動産バブルの崩壊がきっかけとなり、米国人のなかに「不動産よりも、苦労せず手っ取り早く儲けられる株のほうが投資にはいいのではないか」という気持ちが日に日に増幅していった。

これが1929年秋に起こる「暗黒の木曜日」への序章になっていくこととなる。

当時、米国の国家予算の規模が現在の日本円に換算して10兆～12兆円だったのに対して、フロリダの損失額は大きいとはいえ、規模的には1000億円強程度であった。

逆に言えば、フロリダの不動産バブル崩壊は、黄金期と言われた実体経済の拡大から、株式市場の「上昇する、高騰する」といった濡れ手に粟のバブル経済への転換を促した。これを機に、米国経済はいよいよ本格的な「バブル経済」へ向かっていった。

時代は熱狂、狂騒へ、そして人々の心はGreed（欲望）を強めていった。皮肉にもフロリダの不動産バブル崩壊は、次なる株式バブルという火に熱狂という油を注いだようなものである。

フロリダの不動産バブルが終焉へと向かうのと時を同じくして、米国のNYダウは急落を繰り返しながらも、その都度、力強い上げを見せるようになってきた。

第一次世界大戦後も、米国経済は活況を呈し輸出が大きく伸びたのに対し、英国はインフレとなり経済が低迷、貿易収支の赤字は増加の一途を辿り、ポンドは減価した。そのため公定歩合を7％まで引き上げ、通貨防衛に努めたが、国内産業には大打撃となった。戦争の影響で一時停止していた金本位制に主要国が復帰したのは、1920年前後からとなる。金本位制のもとでは赤字国のゴールドは減少、黒字国のゴールドは増加することになるが、第一次世界大戦前後からは、英国から米国へとゴールドが流出した。

金本位制のもとでは、ゴールドが増加すればその分国内の貨幣量を増やし、ゴールドが減少すれば貨幣量を減らすルールが守られる必要がある。するとどうなるか。

赤字国：ゴールド減少→貨幣減少→物価下落→輸出増→輸入減→黒字化へ
黒字国：ゴールド増加→貨幣増加→物価上昇→輸出減→輸入増→赤字化へ

このメカニズムが成立することで国際収支のバランスが図られてきた。しかし米国はこの「ゴールドが増加すれば貨幣量を増やす」というルールを反故《ほご》にした。輸出増加を背景に急増したゴールドについて、その分、増やすべき通貨供給量を増やさない「金不胎化政策」を行ったのは、国内の物価高騰を避けるためであった。また価格が抑えられた結果、米国の輸出競争力は保たれる一方で、英国の貿易には不利となった。

米国では、1926年の秋以降、株式ブームが発生しており、英国から米国へと資金が流出するようになった。また１９２７年以降、フランス政府が英国に滞留していた資本を大量に環流させたこともあり、英国では赤字増大とともにゴールドの流出が激しくなった。これを受けてＧ４・中央銀行総裁会議（米国、英国、フランス、ドイツ）が開催された。イングランド銀行総裁モンタギュー・ノーマン、ドイツ中央銀行総裁ヒャルマー・シャハト、フランス銀行副総裁シャルル・リストなど錚々《そうそう》たるメンバーが米国に渡り、ＦＲＢに対して、英国からのゴールド流出防止のための金融緩和を要求したのである。ＦＲＢはこれを呑《の》んだ。

具体的には公定金利の引き下げと、市場の国債の買いオペレーションの実施だった。１９１４年から１９２８年までＦＲＢの初代議長を務めたベンジャミン・ストロングのもとで、１９２７年８月に、一時的な金融緩和策として政策金利を４％から３・５％に引き下げた。さらにＦＲＢは市場の国債を購入する買いオペにより、市中に大量の資金を溢れさせた結果、この資金が株式市場へと流入していった。

過熱感をいち早く感じ取った大口投資家の面々は、フロリダの不動産投機から一抜け、二抜けして、資金を引き揚げていった。「次の投資先」を求めてマネーが向かった先が、１９２９年９月を目指して強気相場を展開していくＮＹダウの株式市場であったことは言うまでもない。

## ■元祖アメリカ・ファースト

ここからは狂騒の1920年代の時代背景を、現状の2020年代の状況と重ねながら、もう少し分析を深めてみよう。

第一次世界大戦（1914〜1918年）後の1921年、ウォーレン・ハーディング大統領就任時、米国は戦後の反動不況（1920〜1922年）にあり、失業率は20％にも達していた。また当時は2年近くにおよぶ「スペイン・インフルエンザ」の大流行により大量の死者を出していた。現在の「コロナウイルス」という未曽有のパンデミックと重なる環境は注目に値する。第一次世界大戦とその後のパンデミックにより荒廃、疲弊した世界経済下、ハーディングは自国優先の政策を掲げて景気の回復を図った。

要は元祖「米国第一主義（アメリカ・ファースト）」を掲げたのである。「減税」「農産物の利益保護」「高関税」「移民制限」などなど、トランプ前大統領と非常によく似た政策を採った大統領であった。

反動不況が短期間で収まったこともあり、ここから金融の膨張もスタートした。米国は独占資本（財閥、国際金融資本）を中心に空前の経済大国へと成長を遂げ、世界最大の債権国に踊り出た。貿易黒字に加えて、欧州諸国の戦時国債の償還による莫大な資金がニューヨーク・ウォール街に怒濤のごとく流れ込んできた。こうなると、甚大な景気後退などはあり得ないといった楽観主義が跋扈《ばっこ》するようになる。

100年後の2020年、トランプは同様の「アメリカ・ファースト」「移民問題」「力強い経済政策」などを掲げて大統領選に再度臨んだが、再選には至らなかった。一方、ハーディングに至っては、わずか2年の短命政権となった。1923年、贈収賄や女性問題のスキャンダルで何かと問題を抱えたハーディングは急死に見舞われ、その原因は二転三転した。

副大統領から大統領へと昇格したカルビン・クーリッジは、「米国の本業は、ビジネスである」と宣言した。さらに「米国は、ビジネスのための政府を求めている」として、公共投資を縮小して民間企業を圧迫しないことに努めた。したがって、その政策は「減税」、しかも企業や高額所得者に対する所得税減税を進めることを主眼とした。小さな政府を追及したクーリッジは「何もしない大統領」と言われた。

この1920年代の自由放任主義・楽観主義が米国に活況をもたらしていくのだが、この時期に財閥系の実業界の大立者アンドリュー・メロンが、これまで実業家が着任したことのない、国家財政を司る財務長官に就いた。彼は独占資本の意向に沿うような諸政策を実施、その〝ひずみ〟がその後の世界恐慌をもたらす原因となったことは疑いの余地がない。

## ■米国の所得格差の元凶となったメロン財務長官の減税政策

メロンは財務長官に在任中（1921～1932年）、「トリクルダウン」を掲げ、高額所得者の減税を筆頭に、企業や富裕層をより優遇する施策を実施した。

その結果生じたのは以下2点となる。その一つは独占資本へと富が集中する速度を速めたことだ。一部の大企業による寡占状態は1920年代に成長した部門でも進んだ。例えば自動車産業では1920年代前半に淘汰が進み、GM、フォード、クライスラーのいわゆる「ビッグ・スリー」の地位が確立。1930年にはJPモルガン、ロックフェラー、メロン、デュポンなどの大財閥を含む上位200社だけで米国内の企業総資産の半数近くを占めるようになったとされる。1922年から1928年の期間で上位200社の資産は3倍に膨れ上がった。

もう一つは、新たな投資資金に振り向けるため、と銘打たれた減税だったが、こうしたメロンの財政運営の結果、溢れた資金は投資には向かわず、投機へと流れていった。

経済の教科書的に考えるなら、余剰資金は設備投資に使われるはずで、より高度な機械が導入され自動化が推進される。大量生産が可能となれば、生産コストは低下することになり、それに伴い製品価格も下がるはずなのだ。しかし、実際にはそうはならなかった。

各産業で独占が進んだために、そして企業側が得た利潤が資本家側に回ったために、産業が成長するのと比例するような、大衆の購買力には繋がらなかった。労働者の所得、需要量、製品の価格といったものがますます変化しづらくなっていった。そして、配当やキャピタル・ゲインは高所得者層に集中し、雇用報酬をはるかに上回るスピードで増えていった。

そして増えた利潤はさらに株式市場へと流れ込み、株価上昇を誘発する。企業としても利子を払って借入をするより、費用が少なくて済む株式発行に食指が動く。世間を覆う楽観的な雰囲気も地に足の着いた投資よりも実体を伴わない株価騰貴を招くことになった。

パイの分配は多分に力関係に影響される。メロンのもとで寡占体制の強化と超過利潤の悪分配が重なったため、所得格差は１９２０年代に拡大した。

１９２９年当時、上位１％の一人あたり所得は1万ドルを超え、１９２３年から１９２９年の間に所得水準を35％も伸ばしてきた。それに対して下位95％層の所得は５００ドル以下、伸び率もわずか４％であった。著名な労働史家であるアーヴィング・バーンスタイン曰く「20年代はたしかに黄金時代であったが、しかしそれはアメリカ人口の特権的部分にとってだけであった」。

## ■空前の繁栄を謳歌していた米国

１９２０年代、ヘンリー・フォードによる自動車の大量生産方式による産業界の生産効率の増加など、米国は工業生産力を急激に伸ばしていった。そして米国は英国から世界最大の工業国の地位を奪うに至った。

未曽有の好景気に沸くなか、米国民の多くは「米国には永遠の繁栄が約束されている」と信じて疑わないようになっていった。

この当時、毎夜盛大なパーティーを催していた米国の熱狂を舞台としたのが、米国文学を代表する『グレート・ギャッツビー』（F・スコット・フィッツジェラルド著）の世界である。１９２５年、まさに狂騒の20年代のど真ん中で、同書が刊行されているのも非常に興味深い。そして作品の壮絶な結末は、バブル崩壊から世界恐慌へと向かう時期と重なり、喪失感をそのまま表現したような内容となっている。

前述の通り、米国では自動車が普及、フォード自動車の大量生産によるモータリゼーションが一気に進み、米国は世界最大の自動車保有国となった。これがまたガソリンスタンド、石油産業、高速道路といったインフラ投資を牽引した。

発電所の増設によって全国の発電量が急増し、電話線が米国全土に張り巡らされた。マスメディアとしてラジオが登場し、そこからジャズ文化が開花していった。米国民のはちきれんばかりのエネルギーが、一気に娯楽へと駆り立てていった。

１９２６年から１９２７年当時の米国の企業業績は実質的には良好であり、堅調であった。基本的に貸借対照表上の利益が積み上がれば企業価値も上がり、結果的に株価もその業績に応じた評価に沿って上昇していく。そのため、常識的な上昇を辿っていた。

そして、先にも記した通り、フロリダの不動産バブル崩壊による損失額が10億ドル程度で済んだことから熱狂が覚めないまま、行き場を失っていた大量の資金とFRBの金融緩和政策により、世の中にはお金がジャブジャブに溢れかえった。言うまでもなく莫大な資金はウォール街、株式市場に向かっていた。

こうなると空前の繁栄を謳歌していた米国人の多くが投機に参入、熱狂の度合いは高まる一方であった。人は欲望の塊であり、より多く儲けたいという願望が強くなる。もっと儲けたいという強い思いは、もっと早く大きく儲けたいという強欲に変わり始める。

## ■投機に拍車をかけたブローカーズ・ローン

そして人々を投機に駆り立てたもう一つの原因が、「ブローカーズ・ローン」と呼ばれる信用取引であった。

自分の金ではなく、借りた金でさらにレバレッジ（てこの原理で何倍にも扱える資金を大きくする効果）を利かせて大量の株を買う取引だ。手元の株を担保に借金をし、その金でまたさらに株を買い付ける仕組み（いわゆる信用取引）で、当時最大で手持ち資金の10倍まで株が買えたのである。

万が一、株が下落すれば損失は10倍になるものの、買った株が値上がりすれば利益も10倍になるわけだ。手元資金がなくても信用取引によって資金を調達し、値上がり益を狙って簡単に儲かる相場。投資家にとり、こんなに嬉《うれ》しいことはない。

人々はその陽気さに熱狂し、酔いしれた。ブームがブームを呼び、〝投機〟に次第に拍車がかかっていくのは必定であった。おのずと信用取引は膨張し、株式市場はいよいよ実体経済から徐々に乖離し始めた。

図表4-7を見てほしい。ブローカーズ・ローンの資金の出し手として、市中銀行からの資金の数倍もの金額が「その他の出し手」によって出されている。すなわち企業や個人などが投機の源泉を供給し続けたということだ。その額は年々増加し、1929年のピーク時においては、全体の7割以上にものぼっていた。

こうした現象を〝バブル〟と表現するのはまさに正鵠を射ており、その後は膨大な〝泡〟が積み上がっていった。

そして米国社会において、次のようなことがまことしやかに語られ始めた。

「1913年に創設されたFRBは景気の調整をしてくれる機関。FRBのおかげで景気循

## 図表4-7　1929〜1933年の世界大恐慌前後におけるブローカーズ・ローン（四半期平均、出し手別）

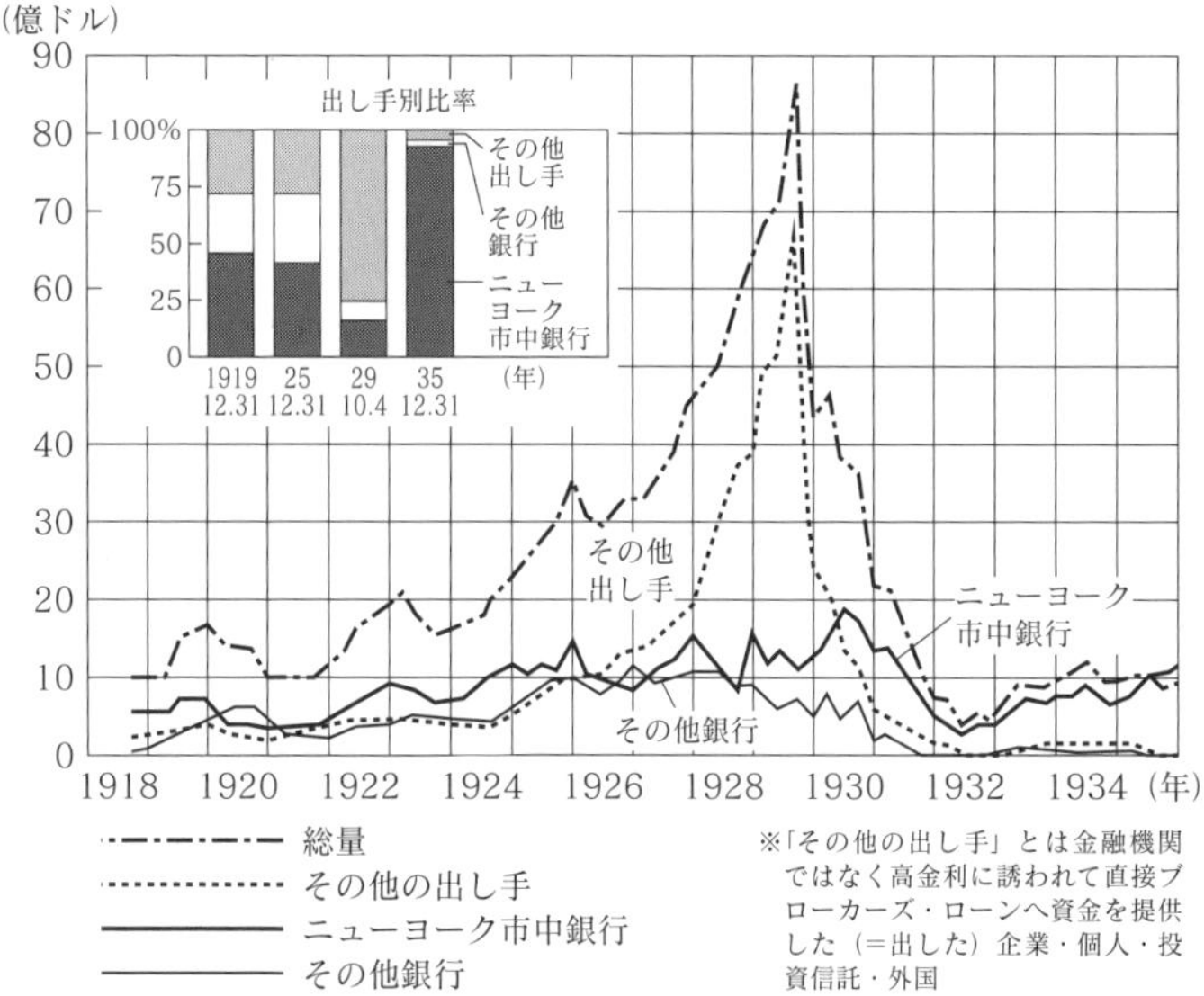


※「その他の出し手」とは金融機関ではなく高金利に誘われて直接ブローカーズ・ローンへ資金を提供した（＝出した）企業・個人・投資信託・外国

## 図表4-8　ブローカーズ・ローンの金利（月平均）

出典：吉富勝『アメリカの大恐慌』（1965）の資料をもとに著者作成

環（景気が拡大と衰退を繰り返すこと）のない新時代が到来した」

「ピーク（高値）で株式を購入したとしても、長期間持ち続ければ高い確率で債券投資より利益が得られる（株式投資の正当化）」

「賃金も上昇し、米国の庶民は高額の家電や自動車を買い求め、さらに株式、債券、そして土地に投資する時代となった」

　毎日の株価が主婦の話題となり、マスコミはまた、これをおおいに煽った。買いが買いを呼び、株価は一本調子で上昇した。株価が高騰していくことを誰一人として疑うこともなかった。ＮＹダウ平均株価は、１９２２年から１９２９年の８年間で５・７倍、３８１ドルになっていた。

　しかしバブルの崩壊によって、ＮＹダウ平均株価は、そこから約3年かけて40ドルまで墜落していった。そしてブローカーズ・ローンのほとんどが、泡となって消えたのだった。

第5章

# 勝ち逃げの法則

THE GREAT RESET

## ■ 100年に一度のグレートリセット

2022年10月から、いよいよ米国株の強気相場が復活してきた。その背景はこれまで指摘してきた通り、米国のスーパー軍産複合体が本格的に動き始めることで、予算が実質〝青天井〟となるからにほかならない。実質的なファイナンスについては日本円とユーロ（EU諸国）にさせるわけで、そのためのドル高戦略もいよいよ佳境に入ろうとしている。

2022年7月13日、ユーロが対ドルで約20年ぶりにいわゆる「等価割れ」をしたように、ドル独歩高戦略は着実に進んでいる。**目先のユーロ／ドルは0・95ドル、最終的には0・825ドルまで進行する可能性もある**。米国のファイナンスがある程度終わるまでは、ドル高戦略は変わらない。

とにかく当面の約2年間は米国株の強気相場が続く。ところが、いまは誰もそうは思っていないのだろう。米国が戦争に実質加担しないという条件付きならば、私も弱気相場に賛同する。けれども、米国議会はゴーサインを出した。繰り返すが、米国の軍産複合体の裾野はとてつもなく広く、景気が刺激されないはずはない。

相場は、いちばん怖いところがいちばんおいしいところでもある。大局である太枠は変わらず上がる方向と見ているが、乱高下の激しい激動相場に突入することは避けようがない。それでも最終的にはＮＹダウは暴騰していくと、私は見る。

したがって、上げの大相場では、肝を据えて大きなトレンドを読めた者のみが勝利することになろう。上がっていっても、極めて難しい相場になる。ＮＹダウが４万ドル近くになって「もう下がらない」「今回は違うのだ」とするコンセンサスに染まり始めたときから、皆が買いに殺到する。そしてＮＹダウが４万ドルになろうとするとき、楽観論がマーケット全体を覆い尽くしているはずである。

「米国株を買って持っていればいい。みんな儲かっているんだから」

いたるところで「ＴＴＩＤ！（This Time Is Different!）」（今回の相場は違う！）の言葉が聞かれ、「まだまだこれからだ」「楽勝だ」「最初っから米国株を買っておけばよかった」と、幸福感が漂う状態に投資家たちは酔いしれる。

その時は遅かりし。「もうは未だなり、未だはもうなり」となると、私は見ている。

そのタイミングで下値から買い上げてきた連中が「ありがとさん」と史上最大の売りをぶ

つけてくる。今回のピーク時の出来高はとんでもない数字になること請け合いだ。

そしていよいよNYダウがこの100年に一度の「グレートリセット」なる世界大恐慌に突入する前の狂乱相場になったときには、トレンドは真逆となる。

「買えば上がる」「上がるから買う」状況のなかでの大転換である。

そうした暴風雨のなか、自己の欲望をコントロールすることは、よほどのことがない限り、至難の業であろう。

## ■必ずや見える大転換の狼煙

これからは絶えず経済・軍事全般（ロシアVSウクライナ戦争の次は、中東VSイスラエル情勢と、台湾VS中国情勢）を監視すべきだ。併せて世界情勢、とりわけ米国市場においての綻び（不動産の焦げ付きや、新興企業による金融の焦げ付き、ゾンビ企業の倒産から金融機関破綻への波及）を警戒すべきである。

要は、全ての兆候に細心の注意を払うことである。

例えば、１９９８年にロシアの財政危機を見誤り破綻した巨大ヘッジファンドＬＴＣＭ。同社が破綻するとは、直前まで誰もが夢にも思わなかった。

一ファンドにもかかわらず、その損失があまりにも巨額であったがために、ＦＲＢのアラン・グリーンスパン議長（当時）は余儀なく緊急利下げ、つまり通常の金融政策決定会合以外で利下げをしなければならなかったほどであった。

このように一国の金融政策を変えさせるようなシャドーバンキング（金融仲介業務）がいま、暗号通貨などに形を変えて世界のマネーを吸い上げているわけだが、グレートリセットの際には驚くべき損失額が表沙汰になるのだろう。

私自身は、**為替がラグを持って、株よりも数カ月早く急落する**と申し上げた。２０２２年３月あたりからわずか３、４カ月でドル／円が１１５円から１３５円まで20円ものドル高となった。９月には１４４円を付け、10月には１５１円台を見るに至った。ドル／円が暴騰するときにはだいたい30～40円レベルという〝習性〟があることから、このあたりで落ち着いたと言えよう。暴落するときもしかりで、たいていは40円程度動いたところで落ち着く。期間は１～２週間と短い。

例えば、何かの条件が重なったとき、ドル／円が１４５円レベルから10円以上急落する。

こうしたときには、米国株式市場はまず反応を見せない。「為替は大変だな」程度の認識でしかない。その次に第2弾、10円以上のドル安が起きる。さらに第3弾、第4弾が続き、ドル／円は30円から50円レベルの暴落となる。

為替は金利を追い求めていくため、株式市場に先行してポジションが臨界点に達するので動きが速い。世界中の市場参加者がドルのロング（買い）を持っているわけで、もうドルを買うプレーヤーがいない状況になったとき、ドーンと落ちる。これはいつもの暴落パターンでもある。

為替が崩れ始め、30円から50円レベルの暴落となるには2、3週間もあれば十分であろう。

このとき**足元の金利は高止まっている**だろう。私の予測では2024年11月の大統領選挙をはさみ前後2カ月あたりの政策金利は4・75%前後、米国債10年物は5・30%前後でうろうろし始めたとき、NYダウがいよいよ激しい上下動を開始し、極めて不安定な相場展開となるだろう。この上下動の振れ幅が異様に〝激しくなる〟兆候こそ、大転換の狼煙となる。

また、金利がここまで上昇してしまうと、実体経済において企業が資金調達するのが難儀になることから、最終的には金利高は足枷《あしかせ》になる。こうした観点からも、**政策金利4・75%前後が臨界点**になるのではないか。

## ■勝ち逃げの方法

ここからは、私が考えている具体的な投資行動を示してみたい。

**ケース①**　2024年の米国大統領選の前後2カ月間で、NYダウが4万ドル近辺まで高騰する状態となり、月足ろうそくチャートでぐーんと長い大陽線を出している場合。その最後の2カ月分の高値と安値を3で割った値を算出する。そうして出てきた数字を、最高値から割り込んだとき、それを「売りサイン」と理解して、翌月から買い持ち高を外していく。

例えば、最後の2カ月の高値が3万9000ドル、安値が3万6000ドルだったとしよう。その差は3000ドルなので3で割ると1000ドルとなる。つまり、2カ月の長い「大陽線」が出たあと、かつ「大陽線」の高値が4万ドル近辺であるなら、そこから1カ月で1000ドル以上落ちたら、翌月から売っていく。これが最初の売りシグナル。

これが3万ドル近辺であれば何の問題もないが、臨界点である4万ドルは強烈に意識しなければならない。1000ドル落ちたら逃げるべし。おおかたの人は逃げないはずだが……。

**ケース②**　NYダウが4万ドル近辺から急落して買い持ちのまま、月足のろうそくチャートが3カ月連続の陰線を出した場合。仮に4万ドルから1000ドル、2000ドルと3カ月間連続して計5000ドル程度落ちたとする。これは先に説明した大勢チャートが完成されたと捉えて、翌月から買い持ちの全てを解消する。

つまりケース①のシグナルで逃げなかったとしても、次のシグナルがあるということだ。**3カ月連続の大陰線を出たら、価格は関係なくどこのレベルでもいいから、買い持ちを外さなければいけない**。

ここでもまだ勝ち逃げできる。まだ間に合う。

米国株バブル崩壊が発生する際、今回、FRBはデフレ突入の恐怖を払拭させるための手筈を整えている。なぜならFRBは1929〜1933年の世界大恐慌のときに、軟着陸に失敗し、その轍は二度と踏まない決意を固めているからだ。

どうするのか？　金利の引き下げと量的緩和（QE）を復活させ、米国政府は史上最大の公共事業に打って出るだろう。2022年になって米国株がもうダメだというセンチメント（市場全体が抱いている印象&心理状態）になったときに、ゴールドが上がった。時を同じくして貴金属、金属、エネルギー資源、農作物などのコモディティ相場に火がついた。

米国株のバブル崩壊に際してFRBが講じられる手段はこれしかない。米国政府が取る手段は公共事業しかないのだ。第7章で詳述するが、おそらくウォーレン・バフェットはそう決め打ちをしたのかもしれない。

となると、コモディティ相場がスーパーインフレを生じさせ暴騰し始めるのを見極めながら、ポートフォリオを入れ替えることが肝要となる。すなわち、世界の資金の〝大移動〟が始まるわけである。

イメージ的にはスケール感は別として、コロナ禍の初期の頃を思い出してほしい。世界中の株価が急落すると、各中央銀行が量的緩和競争をし、ゴールド相場が急騰したのを覚えておられよう。

ちなみに2022年6月にFRBが政策金利を0・75％上げたあと、バフェット率いるバークシャー・ハサウェイは石油関連株（オクシデンタル・ペトロリアム株）を爆買いした（201ページ参照）。世界が金融緩和に躍起となっているとき、ドッと株価を上げるのは成長株だ。ITを代表とする低金利を活用して、イチかバチかの勝負に出る企業である。

しかし、金利が上がってきたときに株価を上げるのは成長株ではなく、業態としては正反対の公益株と呼ばれる銘柄となる。要するにバフェットは「儲けの方程式」に忠実に従っているわけである。

ＮＹダウの暴落からコモディティ相場が特に高騰するのは、２０２４年末から２０２７年あたりであろう。その後、全てのコモディティ価格はかなりの調整を経て、20年以上の上げ相場を展開していくとのシナリオを私は描いている。

繰り返しになるが、特にゴールドは調整後の６０００ドルは単なる通過点に過ぎず、調整を経て最終的には1万ドルを軽く超えていくパターンとなるだろう。

先に記した１９２９年に始まった前回の世界大恐慌の兆しとなったフロリダの不動産バブル崩壊に相似した状況が散見されるようになってきた。２０２２年6月時点で、コロナ禍で不動産の人気が沸騰していたのは米国郊外の住宅だった。

ところが買い値では到底売れず、買い値の1、２割下げても売れないという状況になっている。前回のフロリダはＮＹダウがピークを打つ3年前から変調をきたし始めたが、タイミング的に要警戒する時期と言えよう。ロイターやブルームバーグによると、これまで郊外物件は売れ残ることがなかったが、２０２２年11月の中古住宅販売件数（季節調整済み、年率換算）は、前日比７・７％減の４０９万戸となった。減少は10カ月連続で、１９９９年の調査以来、最長となった。

## ■新たなる米国発世界大恐慌のスケールを考察する

ところで、米国の株式強気市場へマネーを向かわせるための徹底したドル高の為替戦略は、EUをロシアVSウクライナ紛争、すなわち戦争へとヨーロッパ諸国を大々的に巻き込むことで通貨ユーロに圧力をかけることとなった。そして、ユーロ／ドルの強力なサポートラインであった１・０３５ドルを下に突き抜けさせることに成功した。

前述の通り、２０２２年７月13日にはユーロが対ドルで20年ぶり「等価割れ」となったが、２０２３年の初めは１・０７近辺で落ち着いている。この程度で済めば御の字だが、それは許されないであろう。やがて再びユーロ売り・ドル買いで０・８２５ドルまでの暴落へと追い込みながら、EUの力を削ぎ分断へと持ち込むつもりだ。やはり為替の動きのほうが早いわけである。

ドル／円もしかり。日本へは「米国債の購入をよろしく」と言わんばかりに、徹底した金利据え置き金融政策を採る日本に対して、円売り・ドル買いをこれまで加速させてきた。世界中、とりわけＥＵと日本からの莫大な資金が続々と、雪崩を打ったように米国市場に還流してきている。米国は現状ドル高（金利高）で日本を脅しているが、最終的には「米国にマネーを入れて株を買わないと大変な目に遭うぞ」と、米国株をこれでもかと買わせるつもりだろう。史上最大かつ最後となるバブルに向けた米国のお膳立ては、２０２４年11月の大統領選に向けて着々と進んでいることは明白である。

その後の大暴落の打撃は、リーマン・ショック級で収まるはずもなく、全世界を否応《いやおう》なしに世界大恐慌の渦へと引きずり込む。私はそう確信する。

もう一度、第４章１５０ページに掲げた図表4-5「米国大恐慌における主要経済指標の下落率」を見てほしい。実質ＧＮＰが29％も下落し、ダウ工業株は89％も大暴落し、世界の貿易高は半分以下どころか66％も減少したのだ。どれほどの経済恐慌だったか窺《うかが》い知れよう。

次に見ていただきたいのが、１９２９年から１９３３年にかけての米国における破産銀行数と破産銀行預金の推移である。

| | 破産銀行数 | 破産銀行預金 |
|---|---|---|
| １９２９年 | ６５９ | ２３１百万ドル |
| １９３０年 | １３５０ | ８３７百万ドル |
| １９３１年 | ２２９３ | １６９０百万ドル |
| １９３２年 | １４５３ | ７０６百万ドル |
| １９３３年 | ４０００ | ３５９７百万ドル |

私は、これから来るであろう２０２５年から２０２７年にかけての恐慌においては、先の大恐慌時以上に、米国の名目ＧＤＰは４割～５割程度まで減少すると予測している。株価もこれまで申し上げてきた通り、ほぼ10分の１までの大暴落となるだろう。

先の大恐慌時には、工業生産は５割程度まで落ち込み、失業率は３割近くに達し、閉鎖に追い込まれた銀行は、最終的に９７５５行にも達した。今回も国家および国民生活が想像を絶する悲惨な状況になるだろう。

世界一の経済力を誇る米国が引き起こす経済破綻は企業の倒産を膨れ上がらせ、米国発の金融恐慌は資本主義各国に波及し、史上最大の大恐慌に発展する。米国経済の破綻の背景とは何か？　購買力と比較しての過剰生産と、投資の異常拡大にほかならない。米国の〝象徴〟でもあった購買力は、完膚なきまでに破壊されることとなろう。

ただし、先の大恐慌時後半を顧みると、次のようなことが行われていた。

１９３２年後半から１９３３年春先、恐慌という言葉に恐怖し株価が大底となったとき、米国のＪＰモルガン、ロックフェラー、メロン、デュポン、カーネギーの５大財閥系の投資会社は電力・ガス事業から資本を一斉に引き揚げ、保有銘柄を一般産業に分散し、保有数を増大させていった。

彼らの目の付け所の巧みさには恐れ入る、といったところだろうか。

**大恐慌が続いている間**は生活に欠かせない、つまり**配当が出やすく株価も変動しにくい電力・ガスなどの公共関係株にもっぱら投資**をしていた。そして**景気がボトムを打ったのを確認したあとには、パフォーマンスが期待されるベンチャーをはじめとする一般産業株の投資**に切り替えたわけである。

これは、我々が生き残るためにおおいに参考になる行動パターンだと思う。だからこそバフェットはＦＲＢの利上げ直後から、利上げのときにも確実に配当が期待でき、インフレにも強い、石油・エネルギー関連株への投資を猛烈に積み増しているのではないか。

金利が高くなると、一般産業は資金調達するのにコスト高となり株価も頭打ちになるのだが、生活に不可欠な電力・ガスについては例外で、社会は値上げを甘受するしかない。

こうして５大財閥は、１９２０年代のバブルで急成長を遂げ、世界恐慌に突入するなか、したたかに体力をつけていった。

第6章

# ＦＲＢの仕事とは何なのか？

THE GREAT RESET

## ■２０２４年以降は本格的な日米金利差縮小で円高に反転

いま皆さんが最も知りたがっているのは、円安はどこまで進むのかと、円安のターニングポイントの時期と価格についてであろう。

これらをピタリと当てるのは至難の業であるし、加えて、ほとんど意味のないことだと思う。なぜなら、当てられるはずがないからだ。

ピンポイントで当てにいくよりも、なぜ円安になったのか、どういった状況になると円安からフェーズが変わるのか、その瞬間を意識したほうが合理的だ。

今回の円安の最大の要因は、日米金利差の拡大と言われている。それでは金利差が縮小するのはいつなのか。こうした見立てをするのが、いちばん効率的だ。

ＦＯＭＣ参加者による、先々の政策金利予測である２０２２年12月14日時点の「ドット・プロット」１１１ページの図表2-10を見てみよう。これを見ると、米国の政策金利引き上げは２０２３年までで、むしろ２０２４年以降は引き下げを開始するとの予測になっている。

日本の足元の金利がほぼ０％、米国の足元の金利は２０２３年までは上がるけれど、それ以降は引き下げということになれば、金利差縮小ということになる。ここで円安から反転する可能性が高いと思われる。

したがって、米国サイドの金利だけ考えれば円安反転、円高に振れるのは２０２３年後半以降、あるいは２０２４年以降と、大摑みでは推察できよう。さらに日銀が緩和スタンスを変更となれば、金利差縮小は前倒しとなる。

大円安論者の方々は１ドル＝３６０円だとか、１ドル＝５００円だとか極論を並べているが、円安局面はそういった話ではまったくない。

もちろん為替は経済情勢により変化するものであるから、あくまでも現在の条件設定からの考察として、ある程度のところで、円高に反転するのは間違いない。現実的なところでは、１ドル＝１４５円前後ではないかと考えている。

前述のように２０２２年12月時点においては、２０２２年末では４・４％の政策金利、２０２３年末５・１％、２０２４年末４・１％、それ以降は３・１％となっている。

２０２３年がピークで、２０２４年、２０２５年と政策金利は下がっていくのが、この時点における当局の予測である。

## ■ＦＲＢと市場関係者との対話

政策当局の予測の次に参考にすべきは、市場参加者による予測である。市場の人たちがどれくらいの金利引き上げを予測しているか。それを見るのが、シカゴ・マーカンタイル取引所（ＣＭＥ）のフェデラル・ファンド（ＦＦ）金利先物市場になる。

図表6‐1を見ていただきたい。市場参加者が２０２３年1月6日時点で、2月1日に予定されるＦＯＭＣでどれくらいの金利になるのかを予測したものだ。「４５０‐４７５」という表記は「４・50〜４・75％」になるという意味で、そう予測する市場参加者は、全体の75・70％であったことを示している。

これはＦＯＭＣが政策を決定する1カ月ほど前からすでに市場において、４・50〜４・75％への金利引き上げを8割近くが織り込み済みであった状況を示す。

実際にその後、ＦＲＢは市場の予測通り、それまでの４・25〜４・50％から４・50〜４・75％へと金利引き上げを決定した。

## 図表6-1　2023年1月6日時点での市場予想

| | 政策金利変更の可能性 | | | | | | | | |
|---|---|---|---|---|---|---|---|---|---|
| 日程 | 350-375 | 375-400 | 400-425 | 425-450 | 450-475 | 475-500 | 500-525 | 525-550 | 550-575 |
| 2023/2/1 | 0.00% | 0.00% | 0.00% | 0.00% | 75.70% | 24.30% | 0.00% | 0.00% | 0.00% |
| 2023/3/22 | 0.00% | 0.00% | 0.00% | 0.00% | 13.10% | 66.80% | 20.10% | 0.00% | 0.00% |
| 2023/5/3 | 0.00% | 0.00% | 0.00% | 0.00% | 8.30% | 46.90% | 37.40% | 7.40% | 0.00% |
| 2023/6/14 | 0.00% | 0.00% | 0.00% | 0.00% | 7.80% | 44.90% | 37.90% | 9.00% | 0.40% |
| 2023/7/26 | 0.00% | 0.00% | 0.00% | 1.70% | 16.10% | 43.30% | 31.40% | 7.10% | 0.30% |
| 2023/9/20 | 0.00% | 0.00% | 0.70% | 7.20% | 26.40% | 38.80% | 22.20% | 4.50% | 0.20% |
| 2023/11/1 | 0.00% | 0.30% | 3.30% | 14.90% | 31.40% | 32.10% | 15.10% | 2.80% | 0.10% |
| 2023/12/13 | 0.20% | 2.90% | 13.50% | 29.40% | 32.00% | 17.20% | 4.30% | 0.40% | 0.00% |

出典：CME

これがいわゆる「市場との対話」というものである。

ＦＲＢは市場との対話を非常に〝重視〟する傾向にあり、ある程度の時間をかけて市場にシグナルを送りながら、市場参加者のだいたい７割、８割が予測しているところで政策金利を決定するケースが多い。

かつては１９９８年のＬＴＣＭの破綻、９・11同時多発テロの際に、直近では２０２０年３月のコロナ禍の際に、景気下振れリスクに対応してＦＲＢが緊急利下げに踏み切るようなポジティブ・サプライズ（予想外の好材料）はあっても、あえて市場予測に反して、市場を混乱させるようなネガティブ・サプライズ（予想外の悪材料）となることはほとんどしてこなかった。たいていは市場参加者と擦り合わせをしながら、具体的にはそれ以前のアナウンスメントなどを通じて、当局が目指す金利水準に市場参加者の思惑を近づけるよう誘導し、誘導が済んだ段階で金利政策を実施してきた。

図表6-1において濃く塗りつぶされている数字が、市場参加者の多くが先々の金利として予測している水準となる。2月1日のFOMCで政策金利は「4・50-4・75」となるが、次の3月22日のFOMCには「4・75-5・0」、おそらく5%くらいまでに引き上げられ、そこで頭打ちになって、年末の12月13日のFOMCではむしろ政策金利は引き下げられるのではないか。これが2023年初頭の市場予想だったわけだ。

## ■FOMCメンバーと市場参加者の金利先行きの乖離

ここで図表2-10（111ページ）のドット・プロットを思い出していただきたい。2022年12月時点でFOMCメンバーは1年後の2023年末の金利を5・1%と予測している。それに対して市場参加者は、2023年12月の金利を「4・50〜4・75%」と予想する人が最も多くなっていた。つまり、市場参加者は政策当局者の予測よりも弱気で、早めの利下げが始まるのではないかと見ていた。これが2023年1月6日時点で金利先物市場が予測と

## 図表6-2　2023年2月17日時点での市場予想

| 政策金利変更の可能性 | | | | | | | |
|---|---|---|---|---|---|---|---|
| 政策金利会合日程 | 425-450 | 450-475 | 475-500 | 500-525 | 525-550 | 550-575 | 575-600 |
| 2022/3/22 | 0.00% | 0.00% | 84.90% | 15.10% | 0.00% | 0.00% | 0.00% |
| 2022/5/3 | 0.00% | 0.00% | 8.00% | 78.30% | 13.70% | 0.00% | 0.00% |
| 2022/6/14 | 0.00% | 0.00% | 2.70% | 31.80% | 56.40% | 9.10% | 0.00% |
| 2022/7/26 | 0.00% | 0.00% | 2.20% | 26.80% | 52.10% | 17.30% | 1.60% |
| 2023/9/20 | 0.00% | 0.20% | 4.20% | 28.80% | 49.30% | 16.00% | 1.40% |
| 2023/11/1 | 0.00% | 1.00% | 9.30% | 33.10% | 42.40% | 13.00% | 1.10% |
| 2023/12/13 | 0.60% | 5.50% | 22.20% | 38.10% | 26.50% | 6.60% | 0.5 |

出典：CME

して織り込んでいた状況である。

ここに市場参加者と政策金利を決めるＦＯＭＣメンバーとの間で金利の先行きの見方に乖離が生じている。今後ＦＯＭＣの会合の期日が近づくにつれ、この擦り合わせをしていくことになる。どちらの予測に収斂されるかは、経済活動の内容やインフレ指標によって変わっていくが、実際の経済情勢にこの数カ月さほど変化がないことから、ＦＯＭＣメンバーの５・１％の予測の方に、一時的に弱気になった市場参加者の予測が近づくのが順当であろう。となれば、市場はこの先、金利高・ドル高へと動くはず、との見立てが１月６日時点でできた。

そこで実際にはどうなったのか検証をしてみよう。２０２３年２月17日現在、金利先物市場では３月のＦＯＭＣで０・25％、５月に０・25％、６月に０・25％とそれぞれ利上げを予想。そこで頭打ちとなり12月には０・25％引き下げとなる結果5・00〜5・25%になるとしている。つまり、前述の見立てのとおり、弱気だった市場参加者がFOMCメンバーの予測に近づいたため、金利高の方向へと動いたわけだ。

同様に為替市場を見ると、2023年1月中に1ドル=127円台までドルが売り込まれたものの、2月17日には一時1ドル=135円台までドルが買い戻された。為替市場もやはりドル高へと推移したことになる。

このように市場関係者の予測はブレやすい。彼らの予測が、極端な弱気あるいは強気になったときは、特にそうした傾向に陥りやすい。そこでFOMCメンバーの予測との乖離度合や実際の経済データを見つつ、相場が行き過ぎか否かを判断する。市場参加者の多くが右往左往するなかで、客観性をキープしながら淡々と情勢判断をすればおのずと相場の揺り戻しも見えてくる。

## ■国家機関ではないＦＲＢ

ＦＲＢが利上げをする大前提とは、インフレ抑制のみならず、米国経済が非常に強いことである。賃金も上がり、景気も良くて、物価も高騰している。この過熱感を少し抑えるのがＦＲＢの仕事の一つなのである。

当たり前だが、ＦＲＢは米国株の暴落と米国経済の長期低迷を目指して、利上げを行っているわけではない。ＦＲＢが最優先するのはインフレを抑え、物価と雇用を安定させつつ好景気を維持することである。その結果として、来る２０２４年11月の大統領選挙に向けて、米国株が暴騰し、世界中のマネーを米国に集結することである。

知っての通り、米国の中央銀行あたるＦＲＢは国家機関ではない。いわば私有銀行のようなものだ。株主にはロックフェラー、モルガン、ロスチャイルド一族をはじめとする国際銀行家たちが名を連ねる。彼らの狙いは世界のマネーの支配で、ＦＲＢが彼らの意思に従って動いているかのようにも見えてくる。

ＦＲＢはまずは為替のドル高戦略をスタートさせた。２０２１年のドル／円為替において、月足ろうそくチャートで６陽連が示現された（第２章１００〜１０１ページの図表2-7「ドル／円の為替チャート」を参照）。そして２０２２年、１９９０年来形成されてきた三角チャートの頂点を結んだダウントレンドとなっている上値抵抗線を30年ぶりにブレイクし、上に突き抜けた。

これを見るにつけ、時間をかけても相当なドル高に持っていきたいのだというＦＲＢの意思がひしひしと伝わってきた。現実に、約1年かけてドル／円為替は１１６円から１５１円まで35円上げてきた。２０２２年10月につけた1ドル＝１５１円台は32年ぶりのことだった。

そもそもＦＲＢとは、いかなる経緯とメンバーで設立されたのか。ＦＲＢの出自について少しだけ書き添えておきたい。

米国の中央銀行であるＦＲＢは、１９０７年の金融危機を教訓として、１９１３年に米国で設立された。危機の再発を防ぐため、ポール・ウォーバーグ（ロスチャイルド家代理人）が銀行改革の必要性について、連日のようにマスコミを通じて主張したのが契機とされる。

具体的にＦＲＢの設立に関する経緯を説明すると、まず１９１０年にＪＰモルガンが所有するジョージア州のジキル島で、全国通貨委員会の会員による秘密会議が開かれた。この密室会議の出席者は、次のようなメンバーであった。

【ＦＲＢ設立のための秘密会議のメンバー】

- ネルソン・オルドリッチ……共和党上院議員で院内幹事。全国通貨委員会委員長。ＪＰモルガンの投資パートナー。ジョン・Ｄ・ロックフェラー・Ｊｒ．の義父
- エイブラハム・アンドリュー……連邦財務次官。通貨委員会特別補佐官
- フランク・Ａ・ヴァンダーリップ……ナショナル・シティ・バンク・オブ・ニューヨーク副頭取。ロックフェラーとクーン・ローブ商会を代表
- ヘンリー・デイヴィソン……ＪＰモルガン商会の共同経営者
- チャールズ・ノートン……ＪＰモルガン系のファースト・ナショナル・バンク・オブ・ニューヨーク頭取
- ベンジャミン・ストロング……ＪＰモルガン系のバンカーズ・トラスト・カンパ

ニー社長。のちにニューヨーク連邦準備銀行の初代総裁

●ポール・ウォーバーグ……………ロスチャイルド家代理人。クーン・ローブ商会の共同経営者

このメンバーのなかで、ポール・ウォーバーグが実務をほとんど一人で受け持ったということである。米国では私有中央銀行の設立に批判的な意見が多かったので、あえて中央銀行という名称を避け、「連邦準備制度」という〝わけのわからない〟名称にしたのかもしれない。FRB設立より100年を経た現在、実質的に世界の金融政策を担うまでとなったことは、驚嘆すべきことである。

# 第7章

# バフェットの投資スタイルに学ぶ

THE GREAT RESET

## ■大幅利上げ直後に動いたオマハの賢人

超低金利の時代には、つまり潤沢に資金が市場に出てくる期間においては、小型成長株と言われる株式を中心にお金が流れやすい環境になりがちである。

イチかバチかわからないが、例えばＩＴ企業のような新興企業が出てきて、もしかしたら一攫千金が望めるのではないか。そんな銘柄にお金が入ってきやすいわけである。

逆に金融が引き締められると、超低金利を前提として投資していた企業から一気にお金を引き揚げる。預金をしてもそこそこの利息が付くというのに、持っていても上がるかどうかもわからない、イチかバチかで下手をしたらキャピタル・ロスになる可能性もある、わけのわからない株を保有するメリットはない。したがって、とりわけ小型成長株の株価は急速に下落しやすい悪環境にさらされる。

これに対して金利が引き締められた場合の有望株は、「公益株式」と称されるものだ。これは日常生活に不可欠なサービスである電力、ガス、水道事業に関連する企業で、このカテゴリーに属するところは景気が良かろうが悪かろうが、金利が上がろうが上がるまいが、安定的な配当を見込める。

しかもこういう企業は、インフレ時に価値が高まりやすいような実物資産を多く保有している。電力会社、ガス会社などは、その設備自体が実物資産として高く評価される。

そして今回のように資源価格が高騰するなかでも、原材料の高騰部分を即座に価格転嫁しやすいビジネスモデルでもある。例えば輸入天然ガスの値段が上がっても、海外市場の値上がりなど諸般の事情という理由を盾に、あっさりとガス代金に〝反映〟させることが可能である。読者諸氏の光熱費も上がっているので実感としておわかりになるだろう。

金利上昇の局面では、投資家・投機家はこうしたビジネスモデルを持つ企業を好む。

ここで注目したいのは、ウォーレン・バフェット率いる投資会社であるバークシャー・ハサウェイの動きだ。同社は2022年6月24日にオクシデンタル・ペトロリアム（Occidental Petroleum Corp）の株を79万4000株購入、保有比率を16・4％へと引き上げた。その後も追加購入を繰り返し、同年9月末現在、保有比率は20・9％まで拡大している。

オクシデンタル・ペトロリアム社の事業内容は、原油および天然ガスの採鉱、開発、生産、販売と各種基礎化学品の製造、販売などとなる。

ここでの最大のポイントは、購入したのが2022年6月だったということだ。なぜなら、同年6月15日にはFRBが0・75％の大幅な利上げをしたからだ。教科書的には金利上昇は株価下落になるはずだが、バークシャーは大幅な政策金利の引き上げ直後に同社株の大口購入を行った。こういうインフレで急激な金利引き上げの局面においては、金利が大幅に引き上げられようとも関係ない公益株式を積極的に買うべきであることを、バフェットは教示している。

これ以前にバフェットは数年前から日本の商社株もかなり購入していた。当時は金利が低く、株式購入の調達コストも低くて済み、配当利回りだけでも数％となるのを狙ったものと考えていた。しかし、いまにして思えば、数年後のエネルギー価格の急騰を見越してのことだったのだろう。先見の明があったとしか言いようがない。彼は日本の商社を「エネルギー資源銘柄」として捉えていたのである。

## ■今後は厳しく峻別されるグロース株

現況のインフレの高騰、ロシアVSウクライナ紛争、欧米の利上げの影響から、株式市場は2022年の前半から秋口にかけて下落し続けた。にもかかわらず、「オマハの賢人」とも称されるウォーレン・バフェットは過去2年間（2020年および2021年は売りで調整）におよぶ沈黙を破った。

2022年第1四半期と第2四半期の半年間に、バークシャーは過去20年では最高水準にあたる5兆～6兆円分の米国株式を購入した。コロナ禍でバイデン政権による過剰な財政出動により、NYダウ、S&P500が異常に押し上げられ高騰していた際には、バフェットは米国の大手金融機関に対してこう非難した。

「銀行は投機的な行動を奨励しており、マーケットを賭博場にしている」

そして2022年の年初からFRBがQEからQTへと利上げモードに突入するなか、バフェットはチェンジ・マインドした。

「我々にとって興味深い銘柄が浮上した」と発言し、米国株式の大量買いを実行し始めたのである。

バークシャー・ハサウェイの会長兼CEOのウォーレン・バフェットは、世間一般からは株式投資においてずば抜けた好成績を上げ、米国にあっては常に長者番付の上位に君臨する、世界でも有数の投資家と評されている。よって世界トップクラスのメンバーが、彼の発言に着目する。2022年の同社の株主総会には、アップルのCEOティム・クック、JPモルガン・チェース銀行のCEOジェイミー・ダイモンも駆けつけている。

それではドル紙幣（現金）の価値を下落させるインフレ状況下、大事な資産を守るためにインフレ対応をしているウォーレン・バフェットの投資戦略の中身をさらに点検してみよう。

2022年8月15日に米証券取引委員会（SEC）に提出したバークシャー・ハサウェイの6月末時点での米国株の株式保有報告書によると、シェブロン（Chevron）、オクシデンタル・ペトロリアム、アップルを買い増し、銀行株を微調整しているとある。

ということは、ポートフォリオの約半分を占めるアップル株をさらに買い足して、エネルギー関連の投資を大量に増やし、金融関連株に手を加えたということになる。

石油大手のシェブロンと石油・ガスの探鉱生産企業のオクシデンタル・ペトロリアムの株式購入に250億ドル（1ドル=140円換算で3兆5000億円）以上を投じた積極的な買い入れは、彼らが化石燃料に対して〝超強気〟であることへの意思表示となる。

世界が政治的に化石燃料から「カーボンオフ」を念仏のごとく唱えているなか、バフェットがエネルギー関連株への巨額投資に踏み切った意味合いとは何か？

低金利時代に高成長を遂げてきたGAFAM（Google、Amazon.com、Facebook、Apple、Microsoft）、FAANG（137ページ参照）に代表されるようなグロース株は今後、厳しく峻別される。高金利かつインフレ時代にあっては、資源・エネルギー株に妙味ありと捉えているからと言えよう。なお米国では、2022年8月に「インフレ削減法」が成立。オクシデンタル・ペトロリアムにとっては、税額控除が拡大されたことによって利益が拡大し、投資を受ける追い風となっている。

通常、バフェットクラスの投資家であれば、最高値圏内にあるような株式に手を出すことはない。だが、彼は2021年第3四半期以降、株価が右肩上がりとなっているシェブロン、オクシデンタル・ペトロリアムの株を、史上最高値圏内にあっても大量に購入した。つまり、その時点でも株価は道半ば、まだまだ上がっていくと見ていたのだろう。そして、引き続き高金利かつインフレ・ヘッジ、いざとなった時のないものねだりの希少価値からの高騰、暴騰の可能性を見込んでいるのではないだろうか。

バフェットが率いる米投資会社バークシャー・ハサウェイは、2022年第1四半期にシェブロンの株式保有高を3800万株から1億5800万株に買い増しし、さらに第2四半期にも追加購入している。では、現状シェブロンの株価はどうなっているのか。2022年は30％もの上昇を見せ、シェブロンのみの評価額でも約250億ドル（1ドル＝140円換算で3兆5000億円）となった。

一方、1億5900万株保有していたオクシデンタル・ペトロリアムについては、FRBが利上げしたあとも追加購入したことで、1億8800万株まで拡大した。同社の発行株式総数の20％まで保有するに至ったのは前述の通りである。

なお2022年9月末時点でバークシャー・ハサウェイは、最先端の半導体の集積回路などを製造・販売するTSMC（台湾積体電路製造）、建設用資材のルイジアナ・パシフィック、総合的な金融サービスを提供する独立系投資銀行ジェフリーズ・ファイナンシャル・グループを新規保有していた。

しかし2022年末時点では一転、10～12月期にTSMCの保有株式数を9割近く減らしている。台湾の地政学リスクは、やはり無視できないとの判断なのかもしれない。いずれにしても、その投資行動は俊敏で、注目すべきものがある。

## ■世界はさらなるインフレ時代へ

原油・コモディティのサイクルも株式市場、為替市場と同様、ほぼ10年前後で上昇期と下降期を繰り返している。原油もゴールドと同様に戦争、紛争、世界的な経済・金融危機などを背景にして上昇と下落の過程を辿ってきている。

WTI原油相場が顕著に上昇過程に入ってきたのは、2001年9月の9・11後からだった（46〜47ページの図表1-4参照）。ブッシュ政権による「テロとの戦い」宣言で軍産複合体がフル稼働に突入したあたりから、1バレル＝20〜30ドルであった原油相場はメキメキと上昇を開始、アップトレンドとなった。

21世紀を迎えてからは、中国など世界の工場となった新興国の台頭もあって、世界的に原油需要が高まった。2000年から2008年にかけて、原油価格はそれ以前の5倍、6倍となる130ドル、140ドルへと暴騰した。

しかしながら、サブプライム問題に端を発し、世界同時金融危機を引き起こした2008年のリーマン・ショック以来、世界的に景気が後退し、製造業の中心であった中国経済の減速と不況から、原油の需給環境が悪化した。

原油価格は上下動する相場展開となるも、ダウントレンドとなった。相場悪化をもたらした極めつけはコロナによる世界的なパンデミックで、2020年3月には2002年2月の19・71ドルに迫る20ドル割れ寸前の20・37ドルまで下落した。さらに4月20日には米ニューヨーク商業取引所で、原油価格の指標となる米国産WTI原油の先物価格（5月物）が1バレル=マイナス37・63ドルで取引を終えた。原油価格がマイナスに陥ったのは史上初めてだったため、このニュースを記憶している読者も多いことだろう。世界経済が停滞し、エネルギー需要が急速に減退した。買い手のない原油で貯蔵タンクが満杯に近づいたためだった。

その一方で、コロナのパンデミックにより世界各国の主要都市がロックダウンに追い込まれたことから、全世界的にやむなく工場が休業となり、供給サイドに衝撃的な減少が見られた。そこにコロナ禍対策で米国中心に巨額の財政出動がなされた。物がないなかでの現金ばら撒き政策で、物価はおのずと高騰し、インフレの芽が発生し波及していった。

世界的な政治の潮流である「カーボンオフ」を合言葉に、化石燃料を嫌気した結果、原油の掘削企業に対する投資が過少になっていった。

エネルギー供給が逼迫するヨーロッパに追い打ちをかけるがごとく、2020年5月からは原油相場は上昇を開始した。そしてロシアVSウクライナの戦争が勃発したことを受けて、強力な軍産複合体を擁する米国の経済成長が見込まれることから、原油価格はあっという間に高騰し、上昇トレンドが再開された。2022年には、最高値で1バレル＝130ドルを付けた。ここしばらくは、供給不安が解消されたこともあって原油価格は下落し、2023年初頭は1バレル＝70ドル台で推移している。

バフェットが石油株のエクスポージャーを思い切って拡大させているのは、世界はさらなるインフレ時代となっていくと読んでいるからであろう。

ウォーレン・バフェット自ら、石油ビジネスに関してコメントを出しているので、参考までに記しておこう。

バフェットはこんな談話を残している。

「とにかく、1日を1100万バレル（米国内での1日あたりの石油の消費量）の石油なしで過ごしてみて、翌日、何が起きるのか試してみるといい。仮に、エネルギー源の切り替え

（カーボンニュートラルに基づくグリーンエネルギー）に挑戦して、それが実現した場合、3年後、5年後に何が起きるのかは誰にもわからない。しかも、それがうまくいく確率は極めて低い。いまのところ、ほとんどの人が米国内に原油がないよりはあったほうがいいと感じている」（2022年）

ただし、本書で私が解説してきた2024年の第4四半期を前後して史上最大かつ最後のバブルがその臨界点を迎え、終焉に向かうことを彼が読んでいるのかどうかはわからない。

## ■大きく入れ替えられた銀行株銘柄

もう一つ気になるのは、バフェットが金融株、銀行株銘柄を大きく入れ替えていることである。2022年の年次株主総会で、銀行株に関しては微調整とあるが、実際にはここ2年間、これまで大口で保有していたJPモルガン（JP Morgan）、ウェルズ・ファーゴ（Wells Fargo）、ゴールドマン・サックス（Goldman Sachs）の株を売却している。

対して2022年第1四半期にはバンク・オブ・アメリカ（Bank of America）株を大幅

に買い増したほか、シティグループ（Citigroup）の持ち高も30億ドル（１ドル＝１４０円換算で４２００億円相当）近くになっている。

今回の株主総会に、ＪＰモルガン・チェースのＣＥＯ、ジェイミー・ダイモンが駆けつけてきていることから、ふと感じたことが二つあった。

一つ目は、ジェイミー・ダイモンのこれまでの経歴に関係している。もともとシティグループのトップであったのだが、左遷（内部闘争に敗れたためと当時業界内では噂《うわさ》されていた）の憂き目に遭ったのは90年代中頃のことだったと記憶するが、その後デトロイト銀行へと転身し頭取に就任。デトロイト銀行はファースト・シカゴ銀行と合併、さらにバンク・ワン銀行と合併したために、そのトップとなった。さらにその後２００４年にバンク・ワン銀行と合併したＪＰモルガン・チェースでＣＥＯへと上り詰めたのだった。いまや総資産、収益力、時価総額で世界屈指の規模を誇る。

バフェットは大口で保有していたＪＰモルガン・チェースの株を全部売却して、シティグループの持ち株を新たに増やしている。ということは、ゆくゆくＪＰモルガン・チェースとシティグループが合併するのではないか。これはあくまでも憶測に過ぎないが、その際にジェイミー・ダイモンにとっては臥薪嘗胆《がしんしょうたん》、ＣＥＯを奪還して古巣のトップとして返り咲くシナリオがあると考えれば、2022年6月末時点で110ドル前後だったJPモルガン株を売却して、50ドルを切っていたシティに乗り換えても妙味ありと読んだからかもしれない。

もう一つは、バフェットのポートフォリオを見ると現状、金融株のパーセンテージが大きく、セグメントとしてかなり重要視していることは明白だ。となると、2024年第4四半期に起こるであろうグレートリセットとなったときに確実視されるのが、銀行の倒産ドミノである。

1929年の大恐慌時には1万行にもおよぶ銀行が倒産に追い込まれた。当時は採算ベースにある銀行のほとんどが、財閥系の銀行に吸収されていった。

商業銀行の雄であるバンク・オブ・アメリカとシティグループが今回の立役者となり、他の金融機関は前回のサブプライム危機で見たようなスケープゴートになる可能性も含めて、バフェットは先を読んでいるのではないだろうか。

さらに、バフェットの投資戦略の成功を裏付けるファクトが報告書では示されている。2022年の上半期で、NYダウが3万6000ドル台から2万9000ドル台までおよそ2割の下落相場となった。にもかかわらず、米国中心の世界的な公益事業株式相場（電力、ガス、水道等、日常生活に不可欠な公共サービス）に乗り換えることで、スケールメリットも伴って、市場の一般的な下落方向とは逆に、高いパフォーマンスを上げている。バフェットの狙い通りと言えよう。

リーマン・ショック後、世界がこぞって金融緩和、量的緩和を推し進めた時期、要するに「金利がタダ」同然であった時代だったからこそ台頭し、米国株式市場を強力に牽引してきた代表が前述のＦＡＡＮＧだった。たしかに彼らはＩＴの新しいサービスモデルを核にした情報技術株式相場を盛り上げたが、２０２２年においては20％近くも値崩れした。

この流れからも、資産株（ただし資産株である公益株は、米国債と配当利回りに着目しておく必要がある）である資源・エネルギー株（石油、天然ガス関連）が今後、数年間は、米国株式市場を牽引していくことになるだろう。

バフェットが2年ぶりにキャッシュ・ポジションを高めにし、5兆～6兆円ものマネーを米国株式市場に注入している。ご存じの方も多いだろうが、彼と繋がっているのは実は、中東の富豪たちである。

ということは、中東からもビッグマネーがバフェットと同じようなアングルで米国株式市場に入ってくるのだろうとの予測が立つ。実際には、バフェットが買ったから、その銘柄のポジションが上がるのではない。実はバフェットが中東の富豪たちに「石油関連株とヒューレット・パッカード（ＨＰ）を買うよ」と電話し、「我々もそうする」というような流れができているからだろう。

## ■太陽活動サイクルの波からもわかるバブル到来

一方、ビッグマネーを動かす世界の名だたる投資家たちは、様々なチャートを見るよりも、意外と単純に自然現象である太陽活動サイクルの動向をウォッチする傾向がある。そのほうがよほど重要だと捉えているようだ。

図表7－1を見ていただきたい。

太陽は黒点の変化に応じた「太陽活動周期」を備えている。同周期は、１７４９年に公式な太陽黒点活動の記録が始まって以来、約11年ごとのサイクルで動いている。

太陽黒点の観察については、50年間にわたり貴重なスケッチを残した国立科学博物館の小山ひさ子（１９１６〜１９９７年）の研究が有名だが、彼女の手描きスケッチはデータベー

## 図表7-1　太陽の黒点数（黒点相対数）の変化の様子

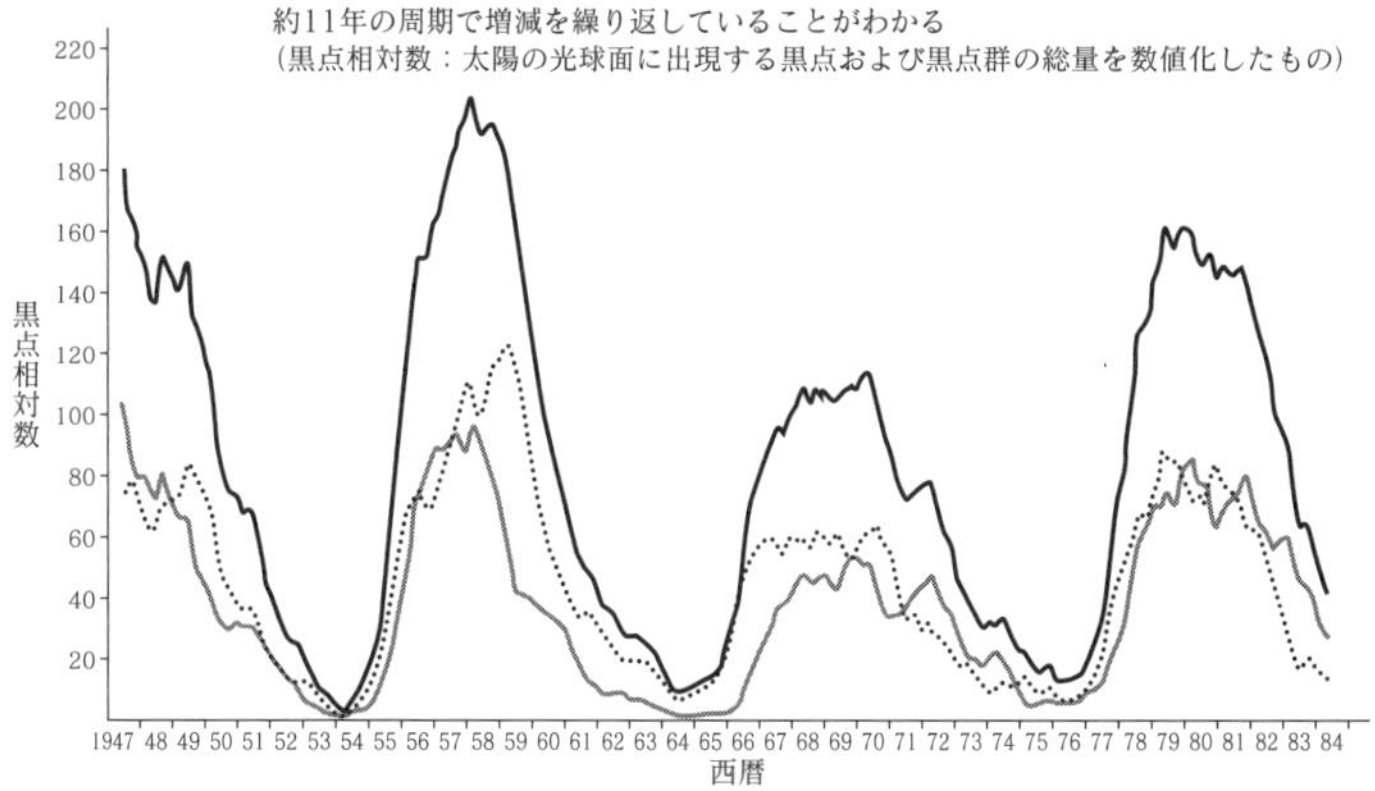


出典：国立科学博物館の資料

## 図表7-2　1985～2010年の太陽活動サイクルの波

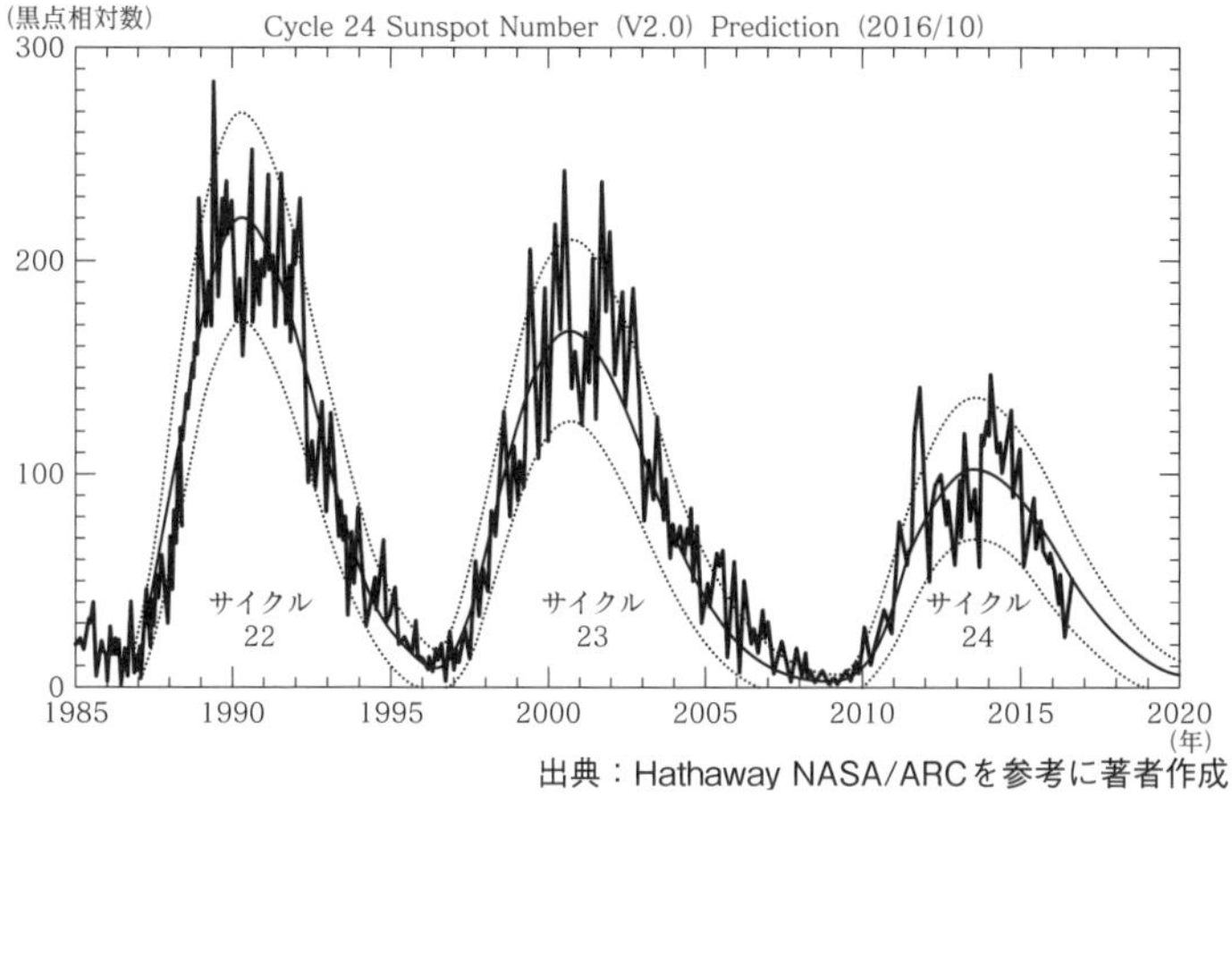


出典：Hathaway NASA/ARCを参考に著者作成

ス化されており、それからも約11年の周期で黒点の数の増減が繰り返されているのがよくわかる。

図表7-2に示した米国NASAによる「太陽活動サイクルの波」を見てわかるのは、景気のサイクルと重なっていることである。1985年からバブルが始まって1989年、1990年の上昇の最大値にかけて、日本では株式、不動産のスーパーバブルによる史上空前の好景気に沸いた。その後は活動期が終了して最小限に向かうと同時にバブルが崩壊、日経平均株価は最高値の3万8915円から、1995年には1万5000以下にまで落ち込んだ。これがサイクル22(1985~1996年)だった。

次のサイクル23(1996~2008年)における最大値は、日米ともに世界的熱狂と歓喜に沸いた空前のドットコム(IT)バブルにおいて、2000年につけた値だった。NYダウが1万ドルに達した際、当時FRB議長だったグリーンスパンは、「根拠なき熱狂が資産価格を過度に膨らませ、過去10年間に日本で発生したような予期せぬ長期的な経済収縮に繋がるのか、誰が予測できうるだろう」と言及した。だが、熱狂と歓喜は長くは続かなかった。ITバブルはその後衰退に追い込まれ、米国発のバブルはあっけなく崩壊した。

そして太陽黒点活動が最小値にあった2007年と2008年に何が起きたのか。いまだ

## 図表7-3　黒点の増減サイクル

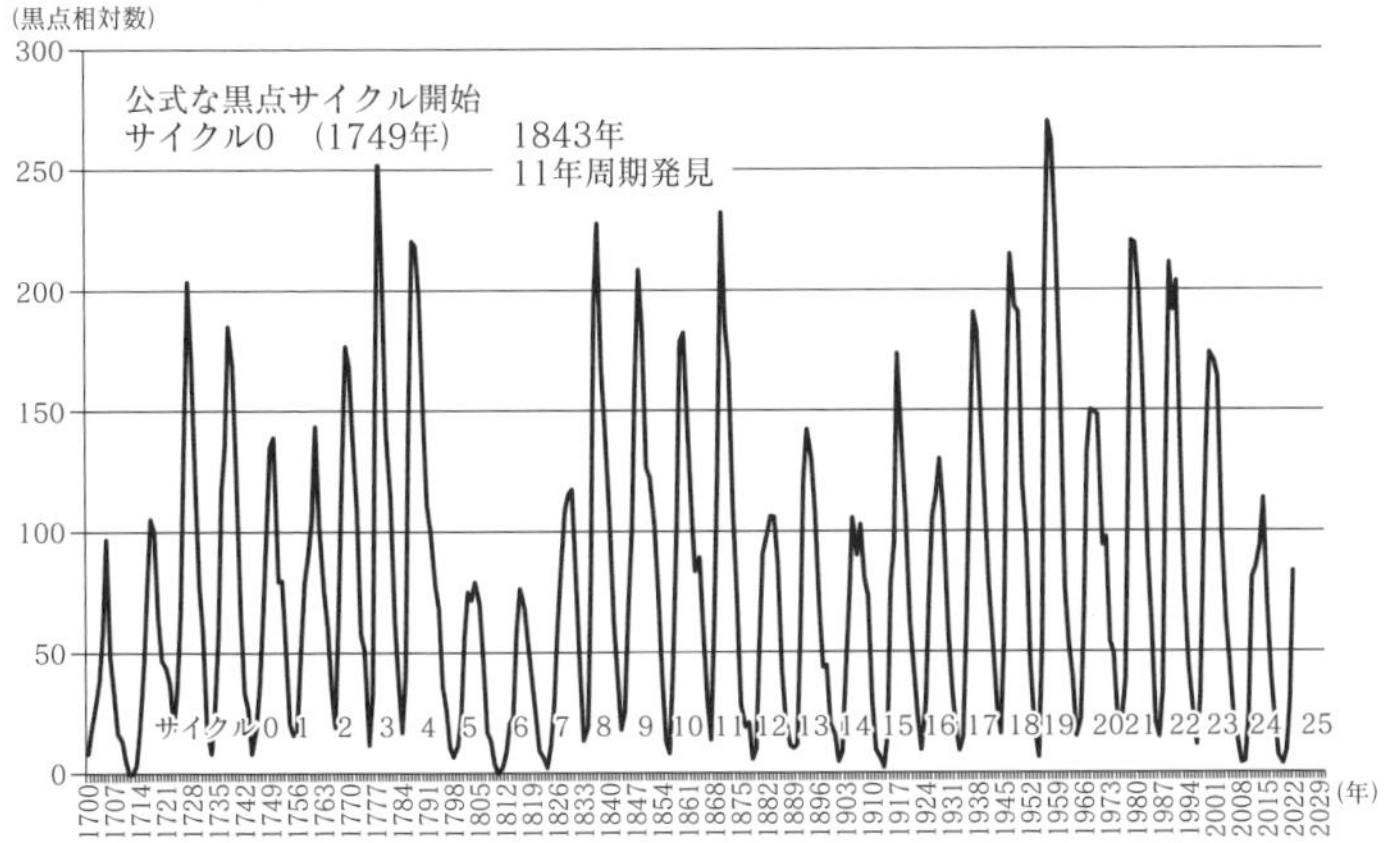


出典：ベルギー王立天文台、黒点数・太陽長期観測世界データセンター（SILSO）

記憶に新しい「リーマン・ショック」が発生した。サブプライム・ローン破綻に端を発し、未曽有の世界的金融危機に発展したのだ。

要は太陽黒点活動の最低のときに必ずと言っていいほど金融市場を揺るがす大事件が発生し、世界経済の状況がドラスチックに転換してきたわけである。別の言い方をすればそうした金融や経済の大事件は比較的決まったサイクルで発生するもので、それが太陽活動の周期と重なっているがゆえに、投資家たちは太陽活動のサイクルを気にしている、とも言える。

次のサイクル24（２００８～２０１９年）の活動最大値は、２０１３年から２０１５年にかけてで、日本では、政権交代からアベノミクス相場への期待が生まれ、世界的な金融緩和策にも後押しされた結果、日米とも株価は大きく上昇を見た。

　これがずるずると落ちてきて、２０２０年には、２０１９年末に起こったコロナ・ショックで世界同時株安に見舞われた。太陽活動周期も同じように最小値を迎えた。そう考えると、２０２３年の株価はまだ上昇期にあり、２０２４年末にピークを迎えて、そこからずっと下がり始めるという動きも予測できるだろう。

　こうした太陽活動周期の歴史を見ると、株価が高値近辺にある期間はだいたい3年間程度なのがわかる。ただし、この太陽活動周期のサイクルを眺めて、年に何兆円というお金を動かしているスーパーリッチ層以外、これが地球上の経済を含めた全ての活動エネルギーのバブルとボトムのサイクルだと捉える人はまずいないだろう。

第8章

# 円安の本当の原因は何なのか？

THE GREAT RESET

## ■避難通貨の役割を終えつつある円

知っての通り、従来は経済的危機があれば円は買われ続けてきた。

コロナ禍は第二次世界大戦以来最悪の世界景気の後退期に直面したわけで、当然ながら円が買われてもいいはずであった。ところが、こと今回に関して言えば、ほとんど円は買われなかった。むしろ、円安になってしまった。さらにはウクライナ危機になっても、本来は買われるはずの円はまったく買われなかった。

ということは、これまで30年以上続いてきた「有事の円買い」がほぼ消滅していると捉えざるを得ない。私のように為替取引に身を置いてきた人間からすると、フェーズの変わり目、大きな潮目の転換を如実に感じるわけである。

スイスフランと円はどちらも有事に買われる通貨として知られていた。ではこれまで、よりどちらのほうが有事に買われてきたのだろうか？

それを見るために、１９９０年代から２０２２年のスイスフラン／円チャートを持ってき

**図表8-1　スイスフラン/円チャート**

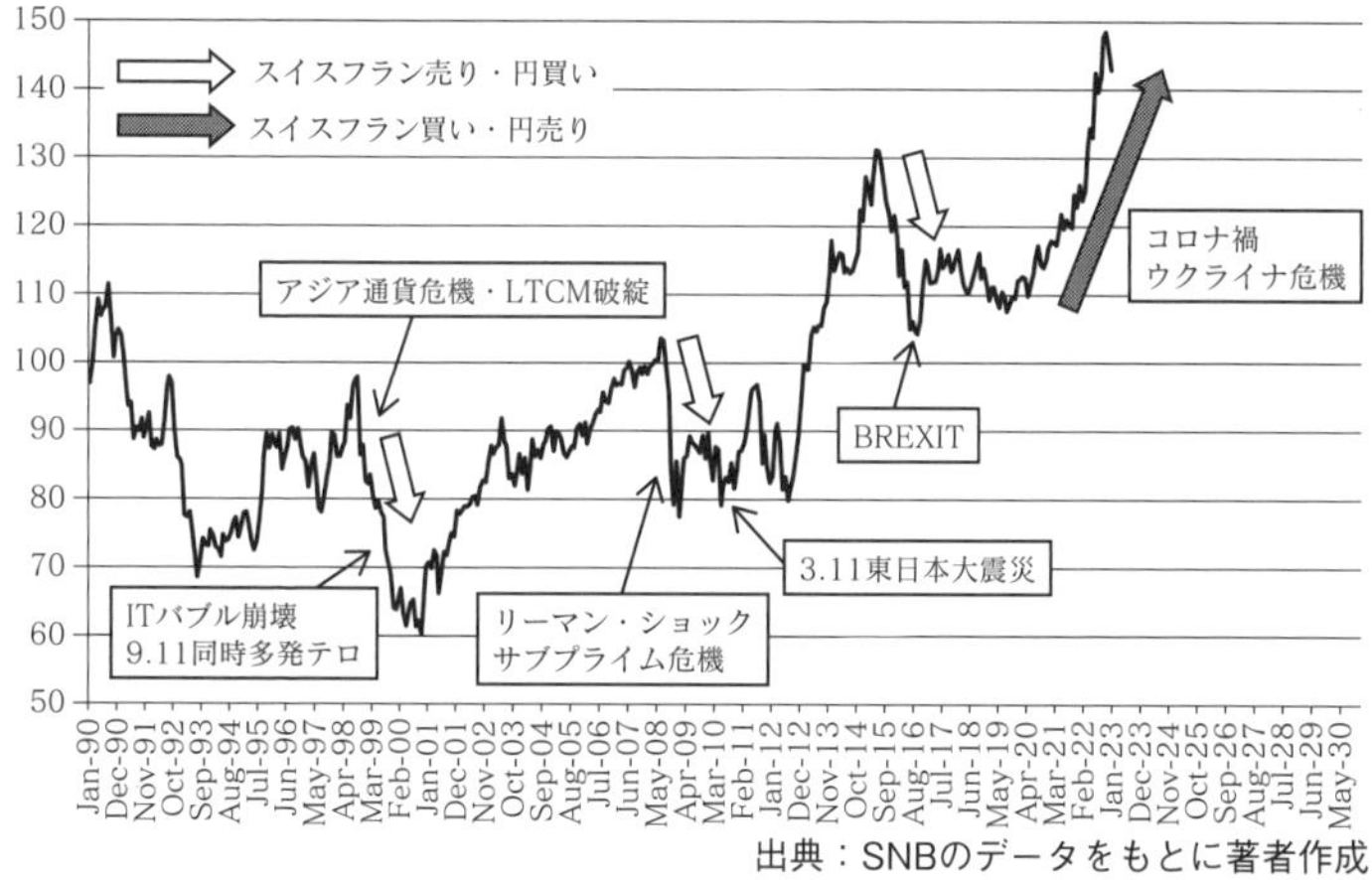


出典：SNBのデータをもとに著者作成

た（図表８－１）。見方は、上方向に行くとスイスフラン買い・円売りで、下方向に行くとスイスフラン売り・円買いとなる。端的に申し上げると、これまで経済危機においてスイスフランと円を比べたときにどちらが買われていたのかというと、円のほうが買われていた。

しかし、世界的経済危機を招いたコロナ禍においては円高ではなく、スイスフラン高・円安が進んだ。やはりスイスフランと円の通貨ペアの組み合わせを見ても、円は長期的に避難通貨・安全資産の役割の〝終焉〟を迎えつつあるのではないかと思う次第である。

もっと肌感覚で、１９９０年代、２０００年代初頭にスイスフラン／円を取引していた私からすると、当時の１スイスフランは２桁だったのだ。

1スイスフラン＝80円、90円あたりが当時の取引水準だった。それがいまでは3桁。1スイスフラン＝140円、150円になってしまい、当時の倍近く、円の価値が下がってしまった。

ドル／円の場合でもそうだが、スイスフラン／円を見ても、もはや隔世の感を禁じ得ない。これが私の正直な感想である。

何が原因かといえば、やはりその筆頭に挙げられるのは、縮小する一方の日本の国内経済だろう。少子高齢化、労働人口の減少もあるのだが、日本企業としては、日本国内よりも海外企業を買収したり、海外プロジェクトに出資したほうが儲けられる。そういう傾向がコロナ禍でさらに加速してしまった可能性がある。さらに本来国内で使うべき資金を海外に投じた場合、そうした資金はなかなか国内には戻ってこない。そうなると、余計に国内投資が冷え込んでしまうことになる。

その結果、国内の経済活動はより冷え込み、それがマイナスのスパイラルに働き、実質的な日本の国力をじわりじわりと削いでいってしまう。長期的な為替動向を分析するにつけ、日本の衰退を私としては強く憂える次第である。

## ■長期的に縮小していきそうな経常収支の黒字幅

特に2022年からの1年で円安が急速に進んだが、その大きな要因として3つの理由が挙げられよう。第一に長期的な国力の衰退。第二に日本と主要各国との金利差。第三は、（新聞報道等ではなぜか出てこないが）本書の第2章でも解説した「戦争によるドル買い」である。

今回はこの3つの要素が同時に重なったことから、急速な円安が進んだと私は理解している。日本経済への影響としては、メディアでも頻繁に指摘されているように、米国が2022年3月から政策金利を大幅に引き上げたことが大きい。こうなると日米の金利差からのドル高・円安は避けられない。円高であればこそ輸入価格は抑えられるが、円安では輸入価格の高騰に追い打ちをかけてしまう。

2022年前半の円安は、ウクライナ危機前のモノの値段の上昇部分であり、年央以降はウクライナ危機後の影響が〝顕著〟となった。円安による輸入物価上昇分の価格転嫁は20

## 図表8-2　日本の経常収支の推移

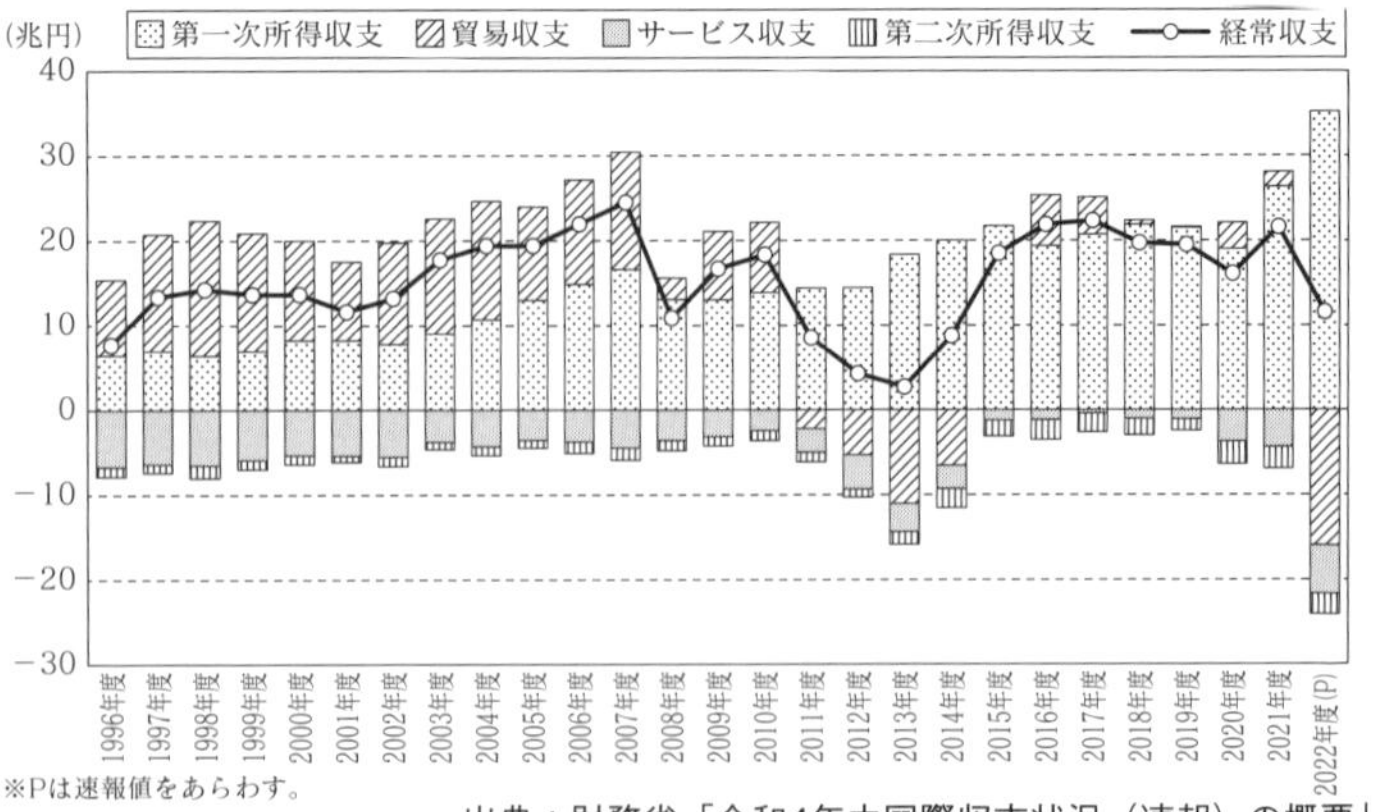


※Pは速報値をあらわす。

出典：財務省「令和4年中国際収支状況（速報）の概要」

２２年の春頃から顕著であったが、２０２３年には拍車がかかっている。

円安のいちばんの要因である長期的な国力の衰退について、もう少し具体的な数字を挙げたいと思い抽出したのが、経常収支の動きである（図表８－２）。

経常収支の収支とは、国境をまたいだお金のやり取りのことを指す。

財務省が発表した令和４年（２０２２）年中の国際収支統計（速報）によると、日本の経常収支は11兆４４３２億円の黒字であった。全体としては黒字を維持しているものの、前年比は10兆１４７８億円減であった。

さらにその中身を見てみると、貿易収支については、円安や、輸入している海外の資源価格が高騰していることもあり、輸入額が輸出額を大幅に上回った。その結果、貿易・サービス収支はマイナス21兆３８８１億円となり、赤字幅は拡大した。

では日本は何で黒字を稼いでいるのか？　海外投資によって受け取る第一次所得収支の黒字が、経常収支全体の黒字を叩き出している。第一次所得収支のなかでも海外子会社の配当金や利益の差し戻しなどの投資収益の黒字が大きく貢献している。

本来は、日本国内の生産拠点を整備し、貿易力で稼ぐほうが実際の国の力に直結するはずである。ところがいまや貿易で稼ぐ力以上にエネルギー価格高騰などによって支払いが多くなってしまっている。現状を鑑みると、経常収支の黒字幅が長期的に縮小していきそうに見える。海外の投資家および為替市場に参加する人たちからすると、先細りとなりそうな円はなかなか買えない、という発想になってしまうわけである。

とはいえ、日本は、ずっと経常収支を黒字に維持してきた。その経常収支の黒字は毎年積み上がっていく。それがおよそ過去30年間にわたって続いた結果、日本は世界最大の対外純資産国になった。

したがって、日本が金持ち国家かどうかと問われれば、明らかに世界一の金持ち国家であり、このことが為替市場での円の強さの裏付けともなってきた。

だが、日本の経常収支が徐々に下がり、ついには赤字に転落となれば、いまは国内で賄っている国債の購入の相当な部分を海外投資家に頼らざるを得ない状況にもなる。となれば、円は弱くなっていき、海外投資家にとって買えない通貨との発想になるわけである。

## ■それでも日本は世界最大の対外純資産国

次ページの図表8-3の通り、2022年度の貿易収支は輸出が19・9%増に対して輸入が42・0%増と大幅に増加し、貿易・サービス収支全体としては約21兆3881億円の赤字となった。その結果、円安で増大している第一次所得収支の黒字を食っている状況だ。

2022年の経常収支は、貿易収支の赤字の拡大を、対外金融資産の利子・配当金などの第一次所得収支で補っていることが、一層顕著になった。経常収支の低下傾向はむしろ加速しているのではないか、と見るのが自然であろう。

2022年の貿易収支に関しては、過去最大のマイナスとのこと。東日本大震災があった

## 図表8-3　令和4年中 国際収支状況（速報）の概要

| | 金額 | 前年同期比 | |
|---|---|---|---|
| 貿易・サービス収支 | ▲21兆3,881億円 | ▲18兆8,266億円 | （赤字幅拡大） |
| 貿易収支 | ▲15兆7,808億円 | ▲17兆4,509億円 | （赤字転化） |
| 輸出 | 98兆6,903億円 | ＋16兆4,066億円 | （＋19.9％増加） |
| 輸入 | 114兆4,711億円 | ＋33兆8,575億円 | （＋42.0％増加） |
| サービス収支 | ▲5兆6,073億円 | ▲1兆3,757億円 | （赤字幅拡大） |
| 第一次所得収支 | 35兆3,087億円 | ＋8兆7,273億円 | （黒字幅拡大） |
| 第二次所得収支 | ▲2兆4,773億円 | ▲485億円 | （赤字幅縮小） |
| 経常収支 | 11兆4,432億円 | ▲10兆1,478億円 | （黒字幅縮小） |

出典：財務省　「令和4年中 国際収支状況（速報）の概要」

２０１１年の翌年からの３年間は貿易収支は一気に赤字に落ち込んだが、今回はそのときよりもさらに悪化している。

しかも、今回の貿易収支の大幅な落ち込みは、エネルギー価格の高騰など外部的要因によるところが大きく、しばらく続きそうな気配である。

日本の経常収支はどんどん縮小傾向にあるとはいえ、前述のように、過去30年間、経常収支の黒字を積み上げてきた。その結果、日本は世界一の対外純資産を築き上げた。額としては日本は現在も世界最大の債権国、資産国であることは間違いない。

お金があるのか、ないのか、と聞かれれば、日本はお金を持っている。ただしそのお金は「対外純資産」なので、海外に置きっぱなしになりがちの資産ということになる。本来日本国内で使うべきお金が海外に残ってしまっているため、国内経済には生かされにくい。

経常収支を積み上げた結果が対外純資産の黒字になると記したが、日本の対外純資産額は日本の企業・政府・個人が海外に保有する「対外資産」から、海外投資家が日本に持つ「対外負債」を差し引くと、弾き出すことができる。

対外純資産が多いということは、〝国内投資が少ない〟ということの裏返しでもある。つまり、日本は過去30年間にわたり対外純資産を溜め込んできたが、その分本来国内投資へと振り分け可能だった資金が海外へと回っていってしまったために、国内投資が縮小してきた。その結果、対外純資産の保有額としては30年以上、世界一ではあるが、それが同時に「失われた30年」とオーバーラップしてしまうのだ。

２０２１年末時点での対外純資産は４１１兆１８４１億円。これは過去最高額で、10年前よりも１００兆円以上、増えている。

このお金をこの10年間で国内でうまく使っていればよかったのにと、つくづく思う。なお、２０２１年に前年比15・８％も増加した要因は、主に為替にある。単純に、対外投資は海外に投資するため、ドル高・円安になると、その分だけ円換算では嵩上げされる。

これで日本は31年連続で世界最大の純債権国ということになっている。

## ■変化を遂げてきた日本企業の投資スタイル

少しマニアックな話になるが、230ページの「対外純資産の内訳」のグラフをご覧になっていただきたい（図表8-4）。対外純資産の内訳、すなわち直接投資、証券投資、金融派生商品、外貨準備、その他の部門別の推移がグラフ化されたものだ。

直接投資、証券投資の2部門を注視してみよう。唐突だが、実はアベノミクスの大きな特徴がここに浮き彫りとなっている。2013年と2014年を境にして、対外純資産の中身が変わってきたからだ。

具体的には、証券投資と直接投資の比率が入れ替わった。2013年までは足の速い証券投資のほうが多かった。海外の株式や債券を買えば、海外から配当が得られて、所得収支がプラスとなる。証券投資の場合は、何か起きれば速攻で撤収できる。どちらかといえば〝フットワークの軽い〟投資と言えよう。テロが発生した、金融危機が始まった際には即、米国株を売却して日本回帰するといった動きを見せる。

## 図表8-4　対外純資産の内訳

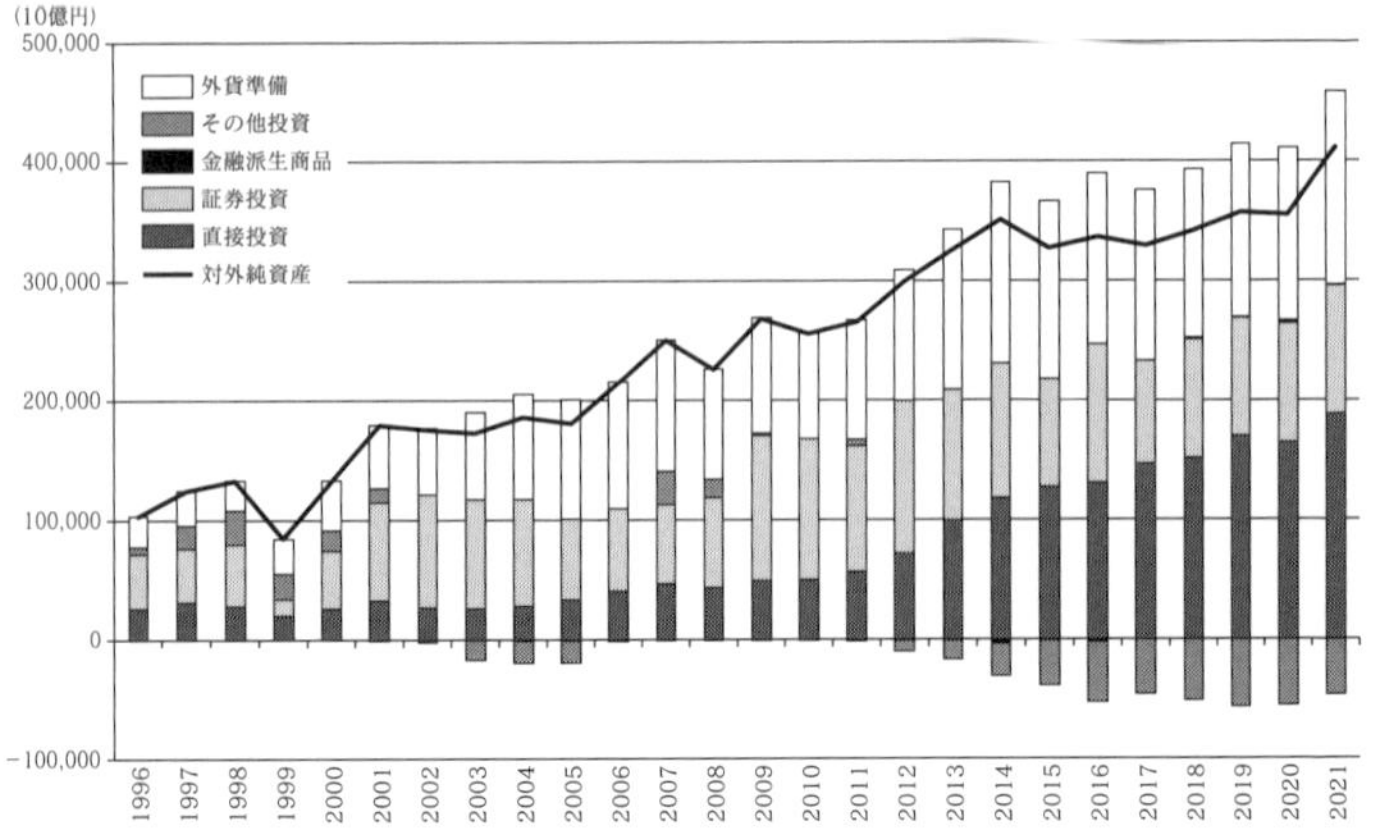


出典：財務省

これに対して直接投資は外国企業を買収する、海外に工場を建設するなど、いわゆる〝腰の据わった〟投資と言えよう。こちらのほうは、テロがあろうが金融危機に見舞われようが、出資した先で長期間頑張ろうというタイプの投資となる。

見ての通り、２０１３年までは逃げ足の速いタイプの証券投資のほうがメインだったのが、２０１４年以降は逆転、投資先に腰を据える形の直接投資がどんどん増えてきた。つまり、海外資産を売りづらい構造に大きく変化を遂げたわけだ。

実はこの変化が為替にも少なからず影響をもたらした。投資国において証券投資型の動きを慎むようになったことから、様々な危機に直面しても、海外資産が円に回帰しにくくなった。その端的な例が今回のコロナ禍であり、ほとんど円高は進まなかった。そしてウクライナ戦争が発生しても、以前ならば発生直後に円高に振れてもおかしくはなかったのが、やはり円高にはならなかった。

したがって、今後さらなる円安に進んだのちに円高局面に振れたとしても、すぐに円安に回帰するのはこの数年で米国へと流れた「軽佻《けいちょう》なマネー」である。

そもそも日本の経済規模が非常に大きくなっていれば、対外投資が増えても相対的にたいした額ではないとなったはずであった。ところが、経済規模がほとんど拡大していないなかで対外投資だけが増えていることから、国内投資が〝ジリ貧〟であることを浮き彫りにしている。

このところの円安を契機に、日本国内へ生産拠点を回帰する話もちらほらと見受けられるが、腰を据えた投資資金が日本国にしっかり還流し根付くような流れを日本人としては期待したいものである。

## ■過剰流動性相場のなかで大幅に価値を低下させた法定通貨

そうした経済構造を抱える状況のなか、円安の要因をさらに深掘りしていこう。

米国を筆頭に、２０２２年に入って各国は金利引き締めへと急速に方針転換してきた。その背景としては足元のインフレがある。

その一方で日銀は、ミニマムな修正はあったものの、依然として大規模緩和を継続中であった。水は高いところから低いほうへ流れるが、お金の流れは逆となる。低い金利から高い金利の通貨へと流れやすい。したがって、足元の政策金利が０％の日本から高金利の米国へとお金が動きやすい状況となった。

平素我々が使用するお金には二つのタイプがある。一つは政府の財政政策として国債を発行し、公共事業や給付などを通じて国民に通貨として供給を行うお金。例えば、政府が一人10万円のコロナ給付金を支給したが、実体経済の通貨供給量が増えるのがこちらのタイプで、「マネーストック」、あるいは「マネーサプライ」と呼ばれる。

もう一つは中央銀行の金融政策に関わるお金で、これは残念ながら、我々一般市民とは関係のないタイプのお金となる。中央銀行が、金融機関が取引している短期金融市場という市場に供給するお金がこのタイプであり、こちらは「マネタリーベース」と呼ばれる。

コロナ禍においては主要各国でマネーストックも、マネタリーベースも潤沢に放出されてきた。コロナ禍では積極財政、超低金利、流動性供給で景気の腰折れを防いできたわけだが、コロナ収束となれば当然、逆の流れが始まる。つまり、財政は抑制的になるし、金利は正常化に向かう。金利正常化とは、米国の金融政策の変更でも見たように、まずはジャブジャブにしていたお金を減らす量的緩和の縮小だ。次の段階で金利を引き上げ、さらに量的緩和で膨らんだ中央銀行のバランスシートそのものを縮小させる、という段階方式で通常は実施される。

ここでコロナ禍が始まる前の２０１９年年央以降の世界を少し振り返ってみたい。実はこの時点ですでに世界は金余り状況になっていたと言っても過言ではないのだ。

というのも主要国を主体に、グローバルに緩和サイクルが始まった時期となる。日米欧は景気が後退局面に入ってきていて、ＦＲＢは10年ぶりに、ＥＣＢも３年ぶりに利下げを行ったのが２０１９年であった。日本はひたすら０％の金利水準であったから金利による差異は感じにくいが、この年は10月には消費税が10％となり、このときを境にしてＧＤＰが頭打ちとなった。すでにこのあたりから主要国を中心に世界経済は鈍化傾向にあった。

そこにコロナ禍が待ち受けていた。

コロナ禍が始まったとき、私のように国際金融市場に身を置いていた者はどういう発想をするのか。それをお伝えしたい。

市場参加者としては、感染症が流行してしまうと、しかも継続的に流行しそうだとなると、主要各国の中央銀行は、超が付くほどの低金利政策を、ある程度の期間続けるだろうとの予測が成り立つ。

そうなると、世界中で０％金利の巨額のマネーが出てくるのだから、いったい何に投資したら効率が良いのか？　そうした予測のもとに投資（この場合は投機に近いが）を判断をする。

財政面でも金融面でもじゃんじゃん出てくるマネーは「過剰流動性」と言われ、その多額のマネーが流れて市場が活況となることは「過剰流動性相場」と言われる。典型的なのが景気回復期待、先取りも含めて株式に流れ、株価の上昇を促すものだ。

そうしたときは逆に、国の信用を裏付けとする法定通貨、つまり日本の円、欧州のユーロ、米国のドルなど、その国や地域で法的な正当性を持つ通貨の価値は棄損されていく。

各国が通貨発行量を増やせば通貨そのものの持つ価値が下がるわけだから、世界中からの「過剰流動性」はすべからく法定通貨全体の価値を下げている状況が生まれるわけである。

日本のみが異次元の量的緩和でマネーをジャブジャブ出す一方で、他の国が高金利であれば、日本の通貨だけが利息を生まず、他の通貨は価値があるという判断がなされ、日本円が売られ他国の通貨は買われる。一国だけが自国通貨の価値の棄損をしていればわかりやすいのだが、コロナ禍では世界中の中央銀行がどんどんお金を供給したため、それぞれの通貨の価値をどれくらい棄損しているのかを測る手段がなくなった。悪いもの同士で比べたところで、どれくらい悪いのか判断がつかない。

どの法定通貨を持っていても価値は減っていくばかりだ。そんなときに価値が下がりにくいものは何かと投資家や投機家は切実に判断する。その結果、株へ、ゴールドへ、暗号資産へ、不動産へと、より実物に近いほうへと食指を動かす。よってそうした資産価格が上昇していく。これがコロナ禍で起こっていたことである。

## ■本来ならもっと下落するはずのゴールドとビットコイン

それを端的に示しているのが２３９ページのグラフで、コロナ禍においてゴールドとビットコインの動きが如実に見て取れる（図表8-5、図表8-6）。

ゴールドが一般的に買われる理由とは、安全資産としての評価と言える。どの通貨を持っていたとしても0％の金利ならば、ゴールドは買われる。より価値がなくならないものを選択するからだ。〝逃避〟の意味でゴールドはいつの世も好まれてきた。

ゴールドを持つ最大のデメリットは前述の通り、金利が付かないことにある。だからこそ、どの通貨も金利が付かない状況になれば、ゴールドと遜色がないためゴールドへの投資の魅力が増す。金利が付かないだけでなく、法定通貨の価値が量的緩和で世界中で棄損されているのであれば、価値が減らないゴールドはさらに選好されやすくなる。また潜在的にインフレ懸念が出てくると、その状況では資源価格の高騰が起きやすいことから、現物資産としてのゴールド買いという発想に繋がりやすい。

コロナ禍でビットコイン価格の急騰要因はゴールドとまったく同じと言っていい。金利低下や量的緩和を受けて、併せて法定通貨に対する不信感などを背景に、ビットコインへと「過剰流動性」が流れていった。

2020年3月、WHO（世界保健機関）がコロナのパンデミックを宣言したとき、1

ビットコイン＝4000ドル程度であった。日本円に換算すると、その当時は約40万円。コロナ禍においてビットコインの最高値は1ビットコイン＝約700万円まで暴騰した。現在は下がってきたものの、それでも2023年1月6日現在で約226万円前後で、2020年3月と比べると約6倍程度となっている。

「過剰流動性相場」が出現すると、一気に世界のお金がその市場へとなだれ込むことは暗号資産市場などを見ていると、手に取るようにわかるのではないだろうか。だからこそ、〝億り人〟も誕生しうるわけだ。

個人的な感想としては、コロナの収束とともにビットコイン価格はもっと下がっていいだろうと予測していた。価値の乏しいモノに投資するのなら、金利が引き締められ、財政も引き締められる局面では「行って来い」の展開で、1ビットコイン＝約40万円水準まで戻ってもいいはずだ。しかし、円安の効果もあって現実にはビットコイン／円は底堅い動きを示している。2022年晩秋には暗号資産取引所の破綻もあり、暗号資産市場は大混乱となったが、ビットコインの潜在的な価値を認めている投資家が少なくないのだと認めざるを得ない。

これはゴールドも同様で、先述の通りもっと下がっても仕方がなかったのに、金利高になっているわりには底堅い。

コロナが始まった頃は1トロイオンス（31・103グラム）＝1400〜1500ドルであったから、それくらいまで戻ってもおかしくはないのだが、1850ドル（2023年1月6日現在）近辺にとどまっている。

数年前、世界最大の先物取引市場である米シカゴ・マーカンタイル取引所（CME）グループのレオ・メラメド名誉会長が「ビットコイン先物」のCME上場にあたって、記者会見を行った。そのときに彼はこう語っていた。

「非常に有望である。ただし、ビットコインとは通貨ではなくて〝資産クラス〟だ」

資産クラスとは、投資・投機対象となる株式や債券などの資産の分類の一つという位置づけということである。「ビットコインはお金（通貨）」だと主張される方も当然いるのだろう。お金に限りなく近いとは思うものの、棲《す》み分けとしては資産クラスと捉えるのが順当だろう。

そんなCMEで上場する「暗号資産通貨」はいまのところ2銘柄しかない。ビットコインとイーサリアムの先物のみだ。暗号資産通貨が溢れかえっているが、米国市場のなかでお墨付きをもらっているのはこの2銘柄のみということになる。余談ではあるが、どうしても暗号資産通貨に手を出さざるを得ない方は、世界に冠たる先物市場であるCMEの指針が一つ

## 図表8-5　ゴールド（日足）

出典：ワールドゴールドカウンシル

## 図表8-6　ビットコイン（対ドル）日足

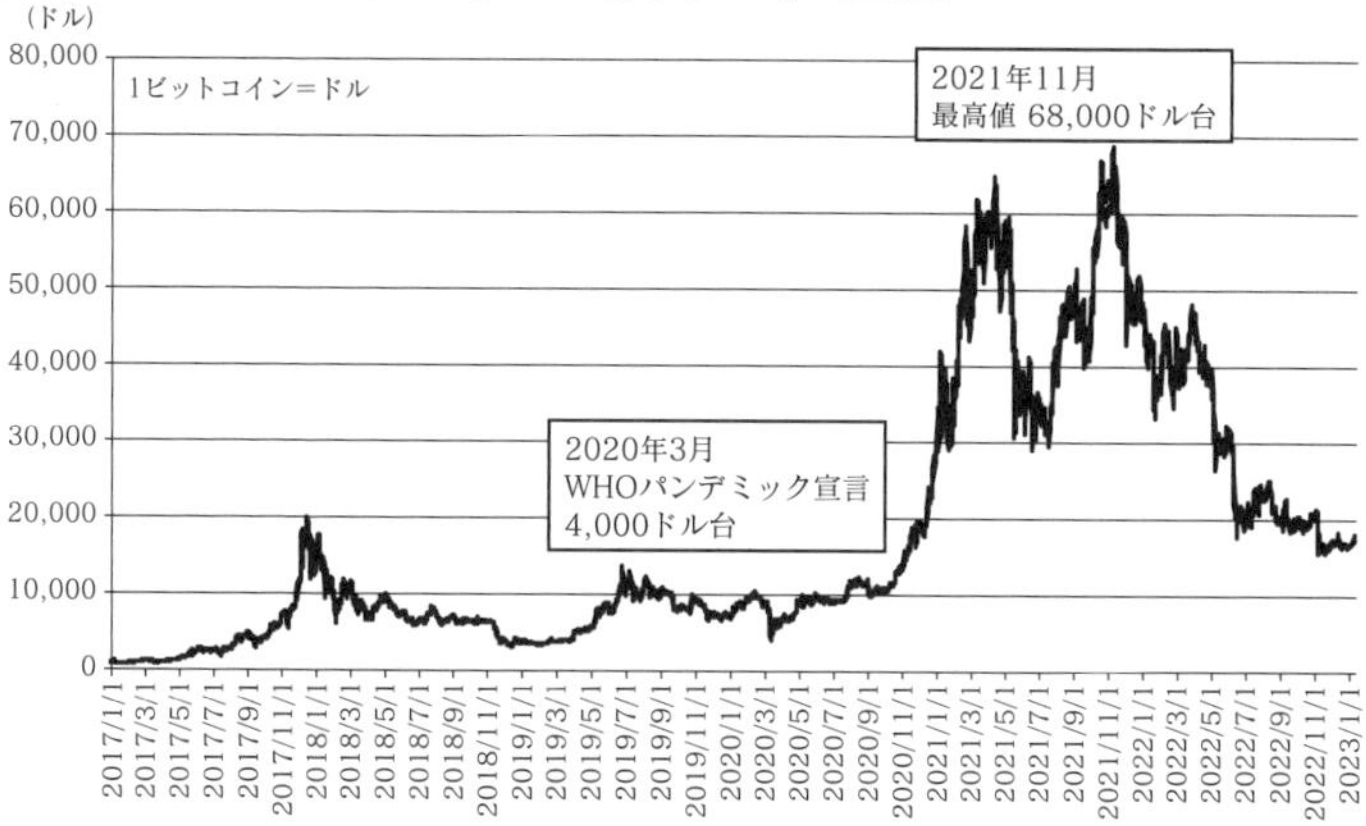


出典：yahoo!ファイナンスのデータをもとに著者作成

の指標になろう、つまり、ＣＭＥで上場しているか否かが一つの判断基準となる。現状ではこの２銘柄以外の暗号資産は触らないほうがいい。

# 第9章

# 「エコノミスト」誌の表紙を解読する

## ■世界を揺るがすトピックを予言する表紙デザイン

毎年年末に発行される英「エコノミスト」誌の別冊は恒例のグローバル予測特集号となっており、２０２２年年末で37年目を迎える。

とりわけその表紙デザインには隠されたメッセージが込められているとされ、さながら未来予言として一種、都市伝説的な存在になっているようだ。

同誌は１８４３年創刊の英国の有力なビジネス週刊誌で、特に国際政治、国際経済に関して世界的に権威ある媒体である。英国や米国の知識層からの信頼が厚く、全世界的な歴史観と見識に非常に長けた柔軟性に富む鋭い分析、オピニオン記事は折り紙付きとされる。

発行総部数は約１５０万部。半数は米国およびカナダで販売されている。

ただ日本のメディアは主に米国の動向に偏重しすぎた報道をしているため、英国の雑誌である「エコノミスト」誌を取り上げることは多くない。ここはかなり重要な点であり、残念なところでもある。

特に年末に出版される「エコノミスト」誌の表紙に、翌年に起こりそうな重要な出来事の〝答え〟が書いてあるだけに、非常にもったいないと言えよう。

また同誌は年に数回、スペシャル・サーベイ（大規模調査結果）を発表している。そのなかには有名な「ビッグマック指数」、スターバックスでお馴染みの「トール・ラテ指数」など各国の購買力を比較した独自の指数を発表するなどユニークな一面も備える。

「エコノミスト」誌の解釈は決して単純ではないが、様々な答えを見出すことができる。その内容が本当に当たっているのか、もしくは当たっていたのか？　それは、各自で確認してほしい。ただし、簡単にはその重大な内容の全貌を教えてくれないことから、謎解きが必要になる。

まずは、２０２０年暮れに発行された２０２１年に向けての世界、国際政治・経済・社会の予言を読み解くことにする。そのヒントとして差し上げたいのは、日本人的な思考を捨てることだ。いくらなんでも、そんなことはしないだろうとか、中国の戦国時代の儒者・孟子が説いた性善説的な考えは、この読み解きには生易しすぎるのだ。これらを捨てて、ブラック・ユーモアとゴシップが好きで、なおかつ戦略的、好戦的な英国人のフィーリングを汲んで、読み取っていただきたい。

未来に起こるであろう、世界を揺るがすトピックを予言する雑誌。それが「エコノミスト」誌の真骨頂と言える。では、なぜ同誌は翌年の世界の主な出来事を予言できるのだろうか？　特別な情報網でも持っているのだろうか？

その答えは、「エコノミスト」誌の大株主にどんな面々がいるのかを考えると、透けて見えてくる。イタリアの財閥一族アニェッリ家を筆頭に、主要株主にはロスチャイルド家、シュローダー家、キャドバリー家、レイトン家などの歴史的な政治や経済の担い手が揃っている。米国の中央銀行にあたるＦＲＢの大株主にもロスチャイルド家、モルガン家、ロックフェラー家のお歴々をはじめ、世界の閨閥・門閥・財閥が株主として連なっている。これらのことからも、様々な思惑が浮かんでくる。

ちなみに英国の中央銀行であるＢＯＥ（バンク・オブ・イングランド）の大株主もロスチャイルド家だ。

それでは、過去3年間（２０２０～２０２２年）の年末に発行された別冊の表紙の謎解きを始めよう。

## 「The World in 2021」のスロットマシーンが意味すること

まずは「エコノミスト」誌が2020年の暮れに出版した「The World in 2021」の表紙を見てみよう（図表9-1）。

スロットマシーンに描かれている縦に区切られた4コマの絵柄の下に、絵柄の回転をストップさせるためのボタンが4つ横に並んでいる。

これは、左から順番に縦の図柄の内容が示現される（実際に実現化される）日柄を表している。向かっていちばん左が第1四半期。2番目が第2四半期。3番目が第3四半期で、いちばん右が第4四半期となる。

まず、左端のいちばん上、第1四半期から見ていくと、ウイルスのような絵柄がある。ただウイルスの上の部分が隠れていて、スロットマシーンからは消えていきそうになっている。これは最初に出現したコロナウイルスは終息に向けて影を潜めそうだということを教示していると思われる。

図表9-1　2020年末に発行された「The World in 2021」

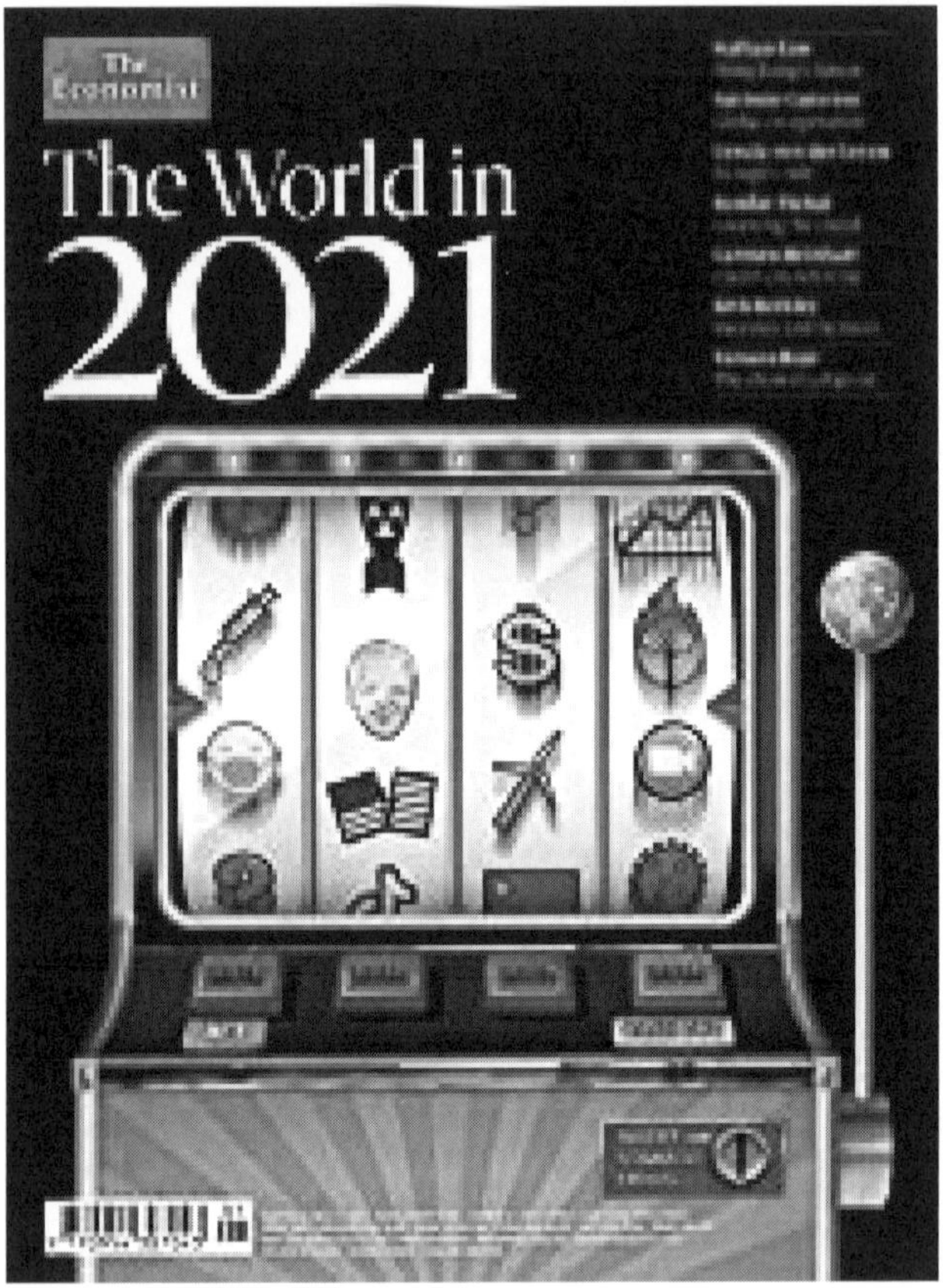


しかし、第４四半期であるいちばん右の列の最下位、オオトリの場所に、また同じようなウイルスがいまにも出現しそうに描かれている。２０２１年年末ぐらいから２０２２年初めにかけては形を変えた新種のウイルスが出現すると伝えたかったのであろう。

オオトリに描いてあることから、2021年の暮れから2022年初旬にはその脅威が影響してくることと、当分の間はウイルスについては手を替え品を替え途切れることなく続くことを強調したかったのだと考える。つまり、「To Be Continued」ということである。

ZOOMビデオ＝「メディア」と理解できる絵柄が第4四半期のウイルスの絵柄のすぐ真上に縦に並んで描かれている。そこでメディアとウイルスを関連付けて考えると、このタイミングで新種ウイルス（デルタ株とオミクロン株）が出現してきた。

この二つのウイルスの綴りに着目してシャッフルして出てきた答えは、「Media Control」だった。2021年末ぐらいから2022年にかけてはいろいろな意味でメディアはコントロールされると受け取れる。本当の意味は「真実は隠される」ということであろう。ただし、たとえ「本当のこと（真実）が読めたとしても追求してはならない」ということは肝に銘じておいたほうがいい。

ところで、スロットマシーンの土台に描かれている図柄は旭日旗に見て取れるが、これは当然ながら日本を表している。その右側に「INSERT STIMULUS FUNDS（景気刺激資金を挿入）」とコインを入れるところが描かれているが、次のような二つの意味があると見るべきだろう。

一つは縦の列の左から2番目（第2四半期）に、米国バイデン大統領らしき絵柄と米国星条旗が真ん中の上から引きちぎられている絵柄がある。これは、米国は２０２１年もさらなるウイルスの脅威、猛威によって経済的にも人命的にもかなりのダメージを受けるはずだから、景気刺激策として相応の財政出動が必要で、巨額の資金を投入しなければ大変なことになるとの警告と見ることができる。

しかし第３四半期に描かれているドルの絵柄と第４四半期に描かれている右肩上がりのチャートから、莫大な資金を投入することで、強い米国になることを表している。要は強いドル、そして米国株式市場もより強く上昇することが約束されていると読むことができる。

そして、この一連の流れをしっかり支えているのがスロットマシーンの土台に描かれている旭日旗、すなわち日本の金融当局である。毎度ラスト・アンカーの大役をおおせつかっている〝ワン・オブ・通貨マフィア〟の日本銀行に、ほかならない。

頑として金融政策を変えることなく、円からドルへのフライト・キャピタル（資本移動）を支援しているのが日銀なのだから。

この旭日旗が象徴する日本の莫大なファイナンシングによるバックアップがあってこそ、このスロットマシーンが回り、マシンの握り手にある地球儀、すなわち世界経済が回っているのだと、「エコノミスト」誌はある意味、本音ベースで伝えてきていると考えられる。

## ■ 不確実性の高いギャンブルの年だった2021年

「The World in 2021」の表紙について言えば、なぜスロットマシーンになったのだろうか？その答えは「21」という数字がギャンブルを象徴する数にほかならないからだと、私は見ている。

大金を掛けたギャンブルでよく使われる、トランプのカードの合計を21に近づけるゲーム、すなわちブラック・ジャックの最高得点が21である。

そして、かつての大英帝国でギャンブルに使われた金貨1ギニー（1 guinea）が21シリング（21 shilling）に相当する価値があったのをご存じだろうか。

さらに、米国のカジノでギャンブルをするには年齢制限があって、大半の州では実店舗カジノでもオンラインカジノでも、21歳以上でないとギャンブルができない。

これらの流れからも21とは、ギャンブルを連想させる数字であることがわかるだろう。この数字にリンクすることから、2021年の世界の政治、経済は不確実性が高く、変動も激しいことを暗示するために、不安定な賭場、カジノをイメージさせるスロットマシーンが、表紙に選ばれたのではないか、私はそう読んだ。

表紙を横の列を数字に見立ててみると、タイトルの2021からは、「2+0+2+1=5」。つまりいちばん上の数字は5。スロットマシーンの絵柄はすべて4コマ。4コマが4つ並ぶので「4×4=16」。スロットマシーンの絵柄の数字は16となり、さらにその下に4つのSTOPボタン。すべてをひっくるめて見ると「5+(4×4)+4=25」となる。このことから、2025年には世界経済、政治、軍事、社会に関わる大転換が示現(現実化)されるという重大な警告も示唆していると見ていいだろう。

その一つが、本書のテーマである「米国発となる史上最大最後のバブルの崩壊」であり、もう一つが「金本位制の復活」という大転換だと私は見ている。

## ■「THE WORLD AHEAD 2022」が表す資本主義国家と社会主義国家の対立激化

次ページの写真は、「エコノミスト」誌が2021年年末に出版した別冊「THE WORLD AHEAD 2022」の表紙である。それ以前のタイトル「The World in」から、つまり「in」から「AHEAD」へと助詞が変わったことで、これまでとは違い、2022年の世界は強引に変えられていくということを、同誌は我々に暗に警告を発しているのかもしれない。そして2022の文字が赤色になっていることから、ロシアVSウクライナ紛争も含み、血が流れる惨劇は必至だとするシグナルを送っているとも受け取れよう。

まずは、時間軸から見てみよう。丸いパネル（照準）の絵柄が均等に4分割されている。2022年の2月に中国で北京冬季オリンピックが控えていたことに加え、習近平国家主席の写真が載っている。ということは、4分割パネルの右上から順番に絵柄の内容が示現（現実化）される。その日柄は、右上が2022年第1四半期、右下が第2四半期、左下が第3四半期、そして左上が第4四半期と捉えることができる。

**図表9-2　2021年末に発行された「THE WORLD AHEAD 2022」**

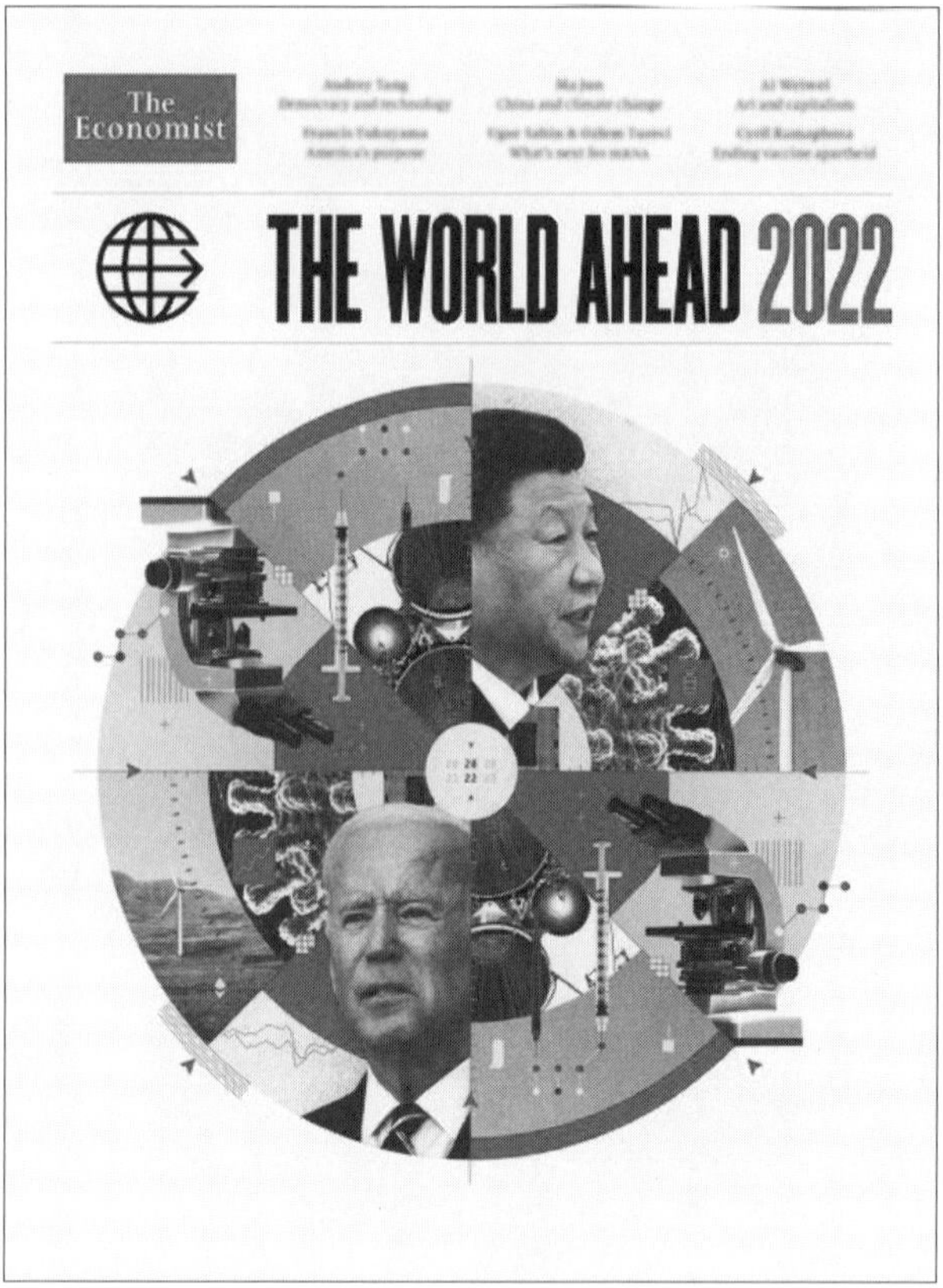


米国大統領バイデン氏と中国国家主席習近平氏が別々の方向を向いて何やら喋っているのは、両国の対話がまったく噛み合わないことを示しているわけだ。したがって、世界の国際政治・軍事は米国VS中国の東西分裂（ロシアも含めて）がベースで、資本主義国家

と社会主義国家との対立は徐々に後戻りできない状況になる、と言うよりむしろ過激化していくことを表していると見るべきであろう。

そして二人の顔が載る背景のパネルは、多重円が分断されているが、射的の的のようにも、日本国旗が分断されているようにも見える。そのど真ん中に２０２２年とあり、これはターゲット・スコープにほかならない。ここから読みとれることは、最高クラスの機密を知る日本の要人に対して、国際政治や軍事が情け容赦もないことを、暗に示しているわけである。

## 現状では絶滅しているウイルスが復活するとの予言

全体の図柄から米国には、力ずくでも東側（中国とロシア）と西側（日本と欧州）との関係に、事あるごとに楔を打ち込む意思があることがわかる。とりわけ日本に対する警告だと理解できる。スーパー軍産複合体としての米国が隠している本音は、中国のみにあらず、ロシアに対しても向けられるのは必定と言える。

ロシアに対して日本がとった制裁に関して、米国は「日本がアジアで最初にロシアに対して制裁を加えたことは評価する！」と日本を持ち上げた。日本側にとっては同じ西側として米国政府から正式に評価されるのはいい。だが穿った見方をすると、米国側としてはある意味では責任転嫁できるということだ。西側にとって敵国ロシア、プーチン大統領の怒りの矛先を日本にも向けさせる。そういう意味なのだろう。

なぜなら日本は、「ＵＫＵＳＡ＝ファイブ・アイズ＋ワン」の一員であり、これは踏み絵にほかならない。「日本経済新聞」の記事でも次のように記されている。

「政府、ファイブ・アイズと協力拡大　機密情報の枠組み　対中ロ念頭、本格参加には壁」

政府は機密情報を共有する英語圏の枠組み「ファイブ・アイズ」５カ国（米国、英国、カナダ、オーストラリア、ニュージーランド）と協力を拡大する。中国やロシアへの警戒を強める一環だ。米国と同盟を結ぶ英国やオーストラリアと安全保障に関わる情報を互いに伝え合う。日本は秘密情報を扱う専門機関を持たず本格的な協力には壁もある。

岸田文雄首相は２０２２年5月5日、訪問先の英国でボリス・ジョンソン首相（当時）と会談し、自衛隊と英軍が共同訓練をしやすくする「円滑化協定」について大枠で合意した。

（2022年5月12日付「日本経済新聞」）

見てのとおり、この「THE WORLD AHEAD 2022」の表紙にはウイルスが描かれている。4分割したパネルの絵柄の右上の第1四半期にあたる場所と、左下の第3四半期に当たる場所の2カ所に出現している。ということは、またダブルで猛威・脅威となることを示唆していると読まざるを得ない。

さらに注射器の絵柄が、第2四半期にあたる場所と、第4四半期にあたる場所のこれも2カ所に出現。かつその注射器は最新のメッセンジャーRNA用のものとこれまで使われてきた古いものと2本ある。

となると新しい注射器は、現状のコロナウイルスを示すのは当然として、旧来型の注射器については古い病気の復活を示しているのではないか。次のウイルスは過去に猛威・脅威を振るった歴史があり、現状では絶滅しているウイルスが復活してくると読み取れよう。

注射器の色が真っ赤となれば、まず天然痘を疑う必要ありと見なければいけない。黒ならペスト（黒死病）を想起させる。会津の民芸玩具として有名な「赤べこ」も、飛騨高山の「さるぼぼ」もその由来は、かつて蔓延した天然痘を払う魔除けだったとされる。天然痘は高熱を発したあとに血疱が全身にできることから赤色とリンクされることが多い。実際には2022年に天然痘と近縁の「サル痘（Monkeypox）」が各国で確認された。

## ■リセッションの否定も表紙から読み取れる

「エコノミスト」誌は米国株式市場に対する予言もここで行っている。

周知の通り、2022年は年始から米国株式市場は半年間もジリ貧状態に甘んじてきた。これを受けて世界の大手企業のCEOクラスの70％以上が、さらには金融機関も口を揃えて「リセッション（景気後退）は避けられない」と予測した。

ブルームバーグ、ロイターなどの大手メディアの論調も同様で、「景気後退は必至」「米国経済は不況へ」「株価は暴落！」と騒いでいるが、私の考えは違う。

米国株式市場が半年間も落ち目になっていたのには明確な要因が存在していた。すでに本書のなかで解説済みだが、バイデン政権がコロナ禍に対して巨額の景気対策で国民に現金を支給したことがきっかけで、米国株式市場がオーバーシュートして上がりすぎた分が調整して下落した。極めて単純な化学反応が起きたのだった。

こうなることを予測して「エコノミスト」誌が、わざわざ２０２２年第３四半期に目先の底をつけたあとに上昇するチャートを貼り付けているのはさすがだ。となると、答えは簡単だ。この第３四半期からは戦略的に資金を自国に集中させてきた米国経済は、年後半に向けては好況となり、ＮＹダウは上昇を開始すると同誌は見ていたのだろう。

なぜなら２０２２年11月には米国では中間選挙があったからである。米国のキレッキレの作戦参謀を侮ってはいけない。彼らは巨額な資金と手の込んだ手法をバックにショート（売り）戦略で名の通ったヘッジファンド連中を誘い込み、メディアも巻き込んだ。そして世界中をＦＲＢの一挙手一投足に釘付けにさせる。すなわち金融政策のみに集中させておいて、その実は本筋の財政政策（スーパー軍産複合体への軍資金や軍事戦略）はおくびにも出さない周到ぶりには感服するしかない。

そしていよいよ今後は、史上最大最後のバブルに向けてエネルギーを充電中なのである。

パネルの絵柄右上の第１四半期にあたる場所と、左下の第３四半期にあたる場所に、再生可能エネルギーの象徴である風力発電が２カ所も登場している。

これは、石油関連終了↓新興国問題（ロシア、中国、インド）↓米国がエネルギーを売る↓再生可能エネルギー（風力、天然ガス、地熱、ＥＶ、やはり原子力発電を再開）の時代へという意味に取れる。

要するに、脱炭素化のレースでは、力ずくでエネルギー利権を制したものが世界の覇者となることをアナウンスしたと読めるのだ。

さらにもう一つ加えておきたいことがある。４分割された第４四半期（10～12月）のところに飛び立つミサイルを下から見上げるようなアングルの写真を見つけたのだ。これはひょっとして核ミサイルを示しているのではないか、ウクライナに向けてロシアが核ミサイルを飛ばす可能性があるのではないかと危惧していた。実際には起こらなかったが、２０２２年中にはそんな話題が世界を駆け巡り、緊張感が走った。以上は、あくまでも個人的な見立てである。

## ■２０２３年の「エコノミスト」誌の表紙が予測する未来

そして最後に２０２２年12月に発行された、「THE WORLD AHEAD 2023」の表紙から読み取れる２０２３年の行方だ。ここまで読まれた方は、ワクワクしながらこの先を読み進めていかれることだろう。

図表９-３は「エコノミスト」誌の別冊であり、来年２０２３年へ向けての「THE WORLD AHEAD 2023」の表紙である。

タイトルが、２０２１年版までの「The World in（世界はこうなる）」ではなく、２０２１年の同時期に出版された２０２２年版と同様に、「THE WORLD AHEAD（世界をこうする）」を2年連続で使用していることから、２０２３年も世界情勢、政治、経済、軍事が強引に変えられていくことを、暗に警告しているのだろう。

そして今回も「２０２３」の数字の部分に〝赤色〟を使用していることから、ロシアVSウ

図表9-3　2022年末に発行された「THE WORLD AHEAD 2023」

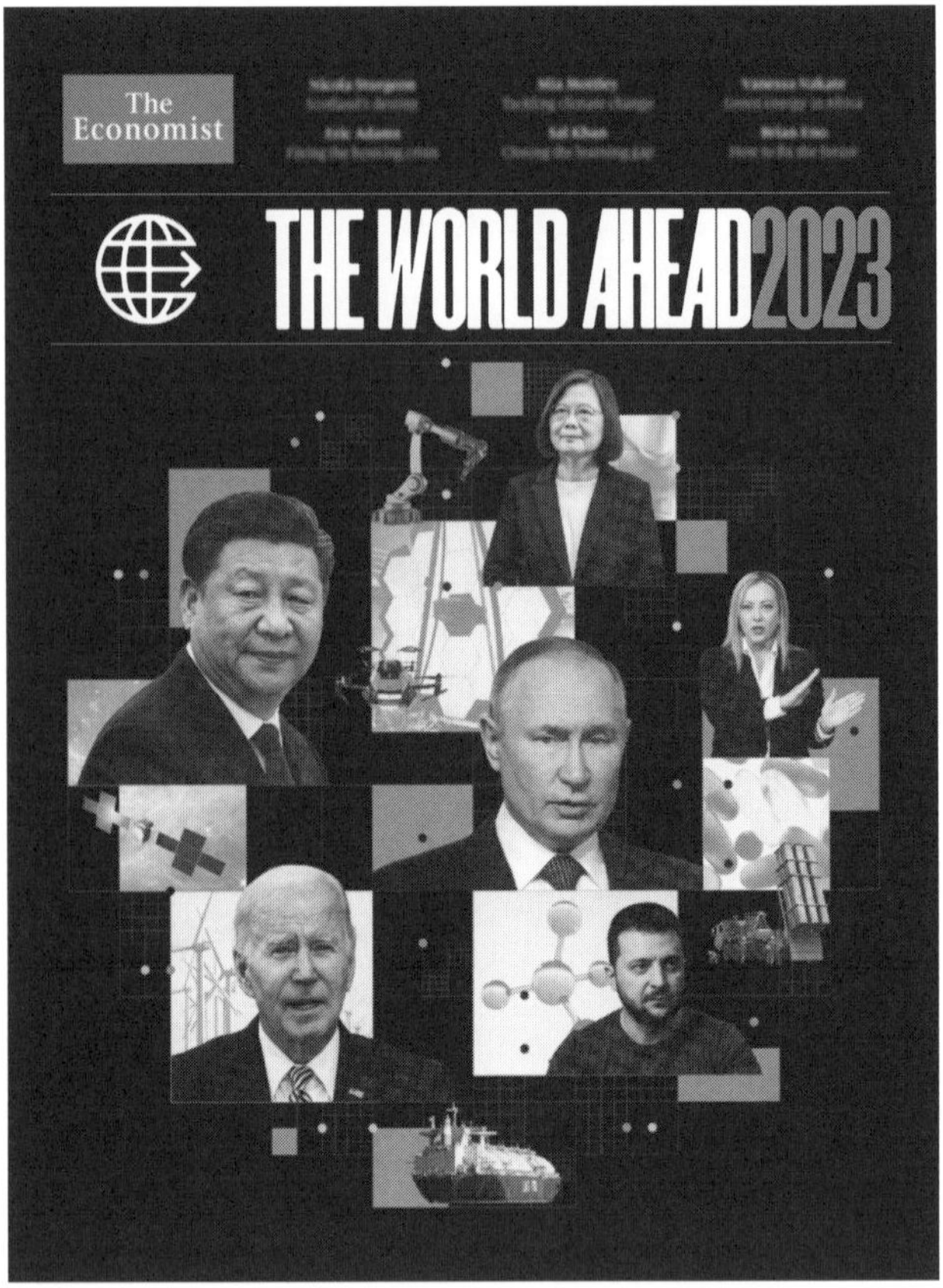


クライナ紛争も含め、他所においても紛争により血が流される惨劇は避けて通れないとするシグナルを送ってきている。

　では早速、時間軸から見ていくことにしよう。知っての通り、2022年11月26日、台湾の蔡英文総統は台湾の統一地方選挙で、中国との融和を掲げる野党・国民党に大敗を喫した。蔡総統は敗北の責任を取り、民進党主席を辞任すると表明した。

これを受けて、2023年版の表紙を見ると、蔡総統の写真がパネル右上方に配されていることから、時計回りの右回りに時が経過していくことを確認できる。

この絵柄そのものは四角だが全体として丸い形状のパネルを均等に4分割してみよう。右上に台湾の蔡総統の写真が配されている部分がスタートとなり、第1四半期（2023年1～3月）、右下が第2四半期（2023年4～6月）、左下が第3四半期（2023年7～9月）、最後に習近平・中国国家主席が配されている部分の左上が第4四半期（2023年10～12月）となる。そしてこの順番に沿って、絵柄の意味する内容がリアル・ベースで示現されていくと捉えられよう。

2023年の「世界をこうする」の内容を紐解いていく前に、まず読者諸氏にご理解いただきたいのは、この「エコノミスト」誌のアウトプットは、誰に向けてのメッセージなのかという点だ。

残念ながら、この英国の経済誌が発するメッセージは一般大衆へ向けたものではない。したがって、市井の人々が同誌の発する真のメッセージを受け取るのは少々難儀かもしれない。

本来メッセージを受け取る先は、世界のロイヤルファミリー（The Royal Family）を含む、「The」、すなわち世界中に君臨するトップクラスの富豪に設定されている。例えばロスチャイルド家、ロックフェラー家などの財閥、さらにその閨閥の面々に向けての、通常とは一味も二味も違うメッセージの発信方法となる。このことを我々は留意しておく必要がある。

さらに読み解く作業を続けよう。答えから先に言うと、私がこの絵柄から受け取ったメッセージは、グッドニュース・バッドニュースを含めて、次の5つとなる。

1番目は、ロシアVSウクライナの紛争以外に世界の地域的（例えば、アラブ諸国を含む中東地域）紛争は勃発するものの、台湾での差し迫った大きな戦争の芽は遠のいたのではないか。

2番目は、世界の〝パワーバランス〟が大きく崩れていくこと。

3番目は、欧州経済はやがて崩壊の方向へ舵を切っていくこと。

4番目は、２０２３年も新たに強力なウイルス、感染症の類から逃れられないこと。

5番目は、２０２４年の米国大統領選挙に向かい、世界最高の賭場となる米国経済は盤石であること。

個人的な大きな見立てとして、この5本の柱がメインとなる。

次に、ロシアのプーチン大統領が第1四半期から第3四半期までをカバーしている意味合いを考えてみよう。プーチンとウクライナのウォロディミル・ゼレンスキー大統領を第2四半期で重ねてあることから、このブラックの背景は黒い雨、すなわち局地的に戦域核兵器に相当するものが使われることを示唆しているかもしれない。

先にも触れたが、パネル右上に蔡英文総統が配されたのは、こんな意味があると思う。選挙により台湾国民が紛争より中国との融和を選択した結果、台湾（米国）VS中国の間の大きなパワーバランスが崩れた。これにより、アジア地域での大きな紛争（戦争）の芽は摘まれたのだと。

パネルの右上から右下にかけて登場するのが、イタリアの首相に女性として初めて指名されたイタリアの同胞（FDI）のジョルジャ・メローニ党首。極端な〝自国優先主義〟を打ち出している彼女の台頭により、EU全体のパワーバランスに亀裂が生じてしまうことが懸念される。彼女が火種となって、欧州は崩壊への傾斜を強めていくと「エコノミスト」誌は見ているのだろうか。本誌内の記事では「Who, exactly, is Giorgia Meloni? In 2023 Italians will find out.（ジョルジャ・メローニとはいったい何者なのか？ ２０２３年にイタリア人はその答えを見つけるだろう）」としており、まだまだその人となりが掴みきれない様子だ。したがってＥＵ全体のへのパワーバランスへの変化、政治・経済への影響は未知数といったところだろう。ただし、２０２３年中にはその答えがわかってくる、ということだ。

パネル右下の第２四半期にかけて、赤色と白色のサプリと見て取れる絵柄が示されている。ここからはより想像の範囲を超える話となるが、赤い色からは血管や血栓などが想起される。血液により異常をきたす強力なウイルス、感染症、免疫不全が猛威を振るうことも予測できる。

併せてＤＮＡの変異となれば、さらなる最強のウイルスの出現もあるだろうし、前述の通り、新種の感染症は残念ながら今後も登場するのは間違いなく、それが原因不明の突然死、神経系にきたす異常、突然襲われる心不全等を引き起こすこともあろう。こうした異常な症状を発症させるに至る主たる原因についての重大な医療情報が開示されるのではないだろうか。唐突ではあるが、個人的には蛇毒、コブラ類に遠因するものについても少々留意しておきたいと考えている。

元素の模型に似たような絵柄はメタン（$CH_4$）の分子モデルであろう。というのも本誌では２０２３年のキーフレーズとなりそうなものの一つに合成燃料を取り上げているからだ。再生可能エネルギー由来の水素（グリーン水素）と、発電所や工場から排出される二酸化炭素や大気中の二酸化炭素を使って製造される合成燃料は従来の化石燃料とは違って大気中の二酸化炭素を増やすことがないとされる。例えば日本のＩＨＩは２０２２年10月21日、二酸化炭素（$CO_2$）と水素（$H_2$）を反応させて合成メタン（$CH_4$）を製造できる小型メタネーション装置の販売を開始すると発表した。メタネーションによって合成されたメタンは「カーボンニュートラルメタン」「合成メタン」と呼ばれ、都市ガス原料の主成分となる。既存のガス機器やガス導管などをそのまま利用できるため、インフラなどの追加コストが不要といったメリットもあげられる。ウクライナ危機によって切迫したエネルギー問題だが、そうした逆境があったからこそ気候変動問題にも明るい兆しが出てきたとしている。

## ■米国経済を絶頂期へと誘う太陽活動の11年周期

ここからは超富裕層の面々への国際経済、ビッグマネーが動く経済の先行きを示唆する重要場面に入っていく。2023年版も2022年版と同じ位置となるパネルの左下（第3四半期）にバイデン大統領の顔が配されている。

いよいよ2024年11月の米国大統領選に向けて、バイデン現大統領の影響力に翳りが出てくる。そして相対的にトランプ前大統領の影響力が増してくると、私は見る。

米国を代表するバイデン大統領の真後ろ、少々確認しづらいかもしれないが、この左下のパネルと左上のパネルの絵柄に太陽フレア（太陽面爆発）が広がっている。正確には第3四半期の後半から第4四半期の前半にかかったところだ。なぜこれが太陽フレアだと思うのか。

実は2023年版「エコノミスト」誌のエピローグとも言うべき最後の話はエルニーニョ・ラニーニャ現象の現状分析となっている。ご承知の通り、エルニーニョは太平洋のチリ沖の海面水温が高い状態、ラニーニャはその逆の状態を指す。こうした海面変化は太陽の周期活動の影響によることが2009年、米国立大気研究センター（NCAR）の研究により明らかになった。これが太陽の11年の活動周期とエルニーニョ・ラニーニャ現象には実は科学的な関係性があるのではないか、とされるようになった所以でもある。

太陽の活動はおよそ11年で変動する（第7章214ページ参照）。太陽の表面で発生する大爆発する太陽フレアは黒点の周辺で発生するためにその発生数は太陽の黒点の出現数の増減で変わる。すなわち黒点が増えるときは活動が活発となり、黒点が減少するときは活動が低迷する。低迷期から活発期に入りピークを迎えて再度低迷して底を打つまでの周期が約11年ということになる。そして海面変化と重ねると、低迷期に入り底打ちするまではラニーニャ、底辺ではエルニーニョ、底から活性化のピークに向けてはラニーニャ現象が見て取れる。

２０１９年の年末から２０２０年にかけて太陽の最小活動期は底となった。ＮＡＳＡ（米航空宇宙局）とＮＯＡＡ（米海洋大気庁）による国際的な専門家グループ「太陽活動第25周期予測パネル（The Solar Cycle 25 Prediction Panel）」は、２０２０年年央に太陽活動の新たな周期となる第25太陽活動周期が始まったことを発表した。

そして、こと世界経済との関連性から言えば、なぜか太陽活動周期が底に向かう時期と同じくして金融危機が発生してきた状況がある（図表9-4）。

この11年周期を世界経済と重ねてみると、２０２０年がコロナ禍を受けての景気の底となり現在はその回復期となる。ここから太陽の最大活動期に入り天井に向かう時期に景気の波もまた上向きとなり、経済活動のピークは２０２５年あたりになるのではなかろうか。特に米国経済は２０２３年の第３四半期から２０２４年の第４四半期の米国大統領選に向けて、

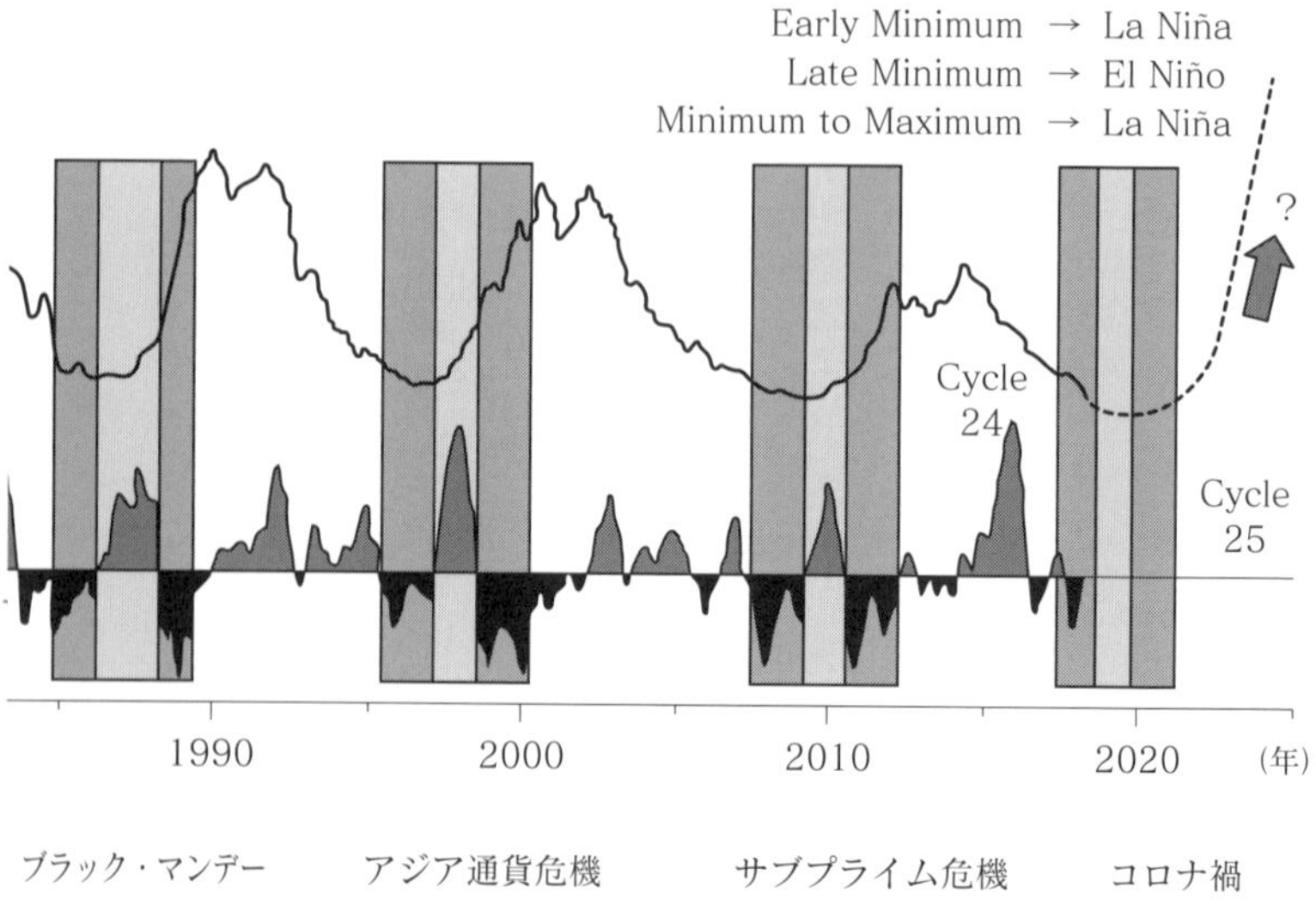


上：太陽活動の指数としての黒点数(SILSOデータベースによる6カ月平均の黒点数)
下：米国気象庁(NOAA)の海洋ニーニョ指数

出典：地球温暖化政策財団の資料をもとに著者作成

## 図表9-4　太陽の活動周期（黒点数）が底の時期の金融危機

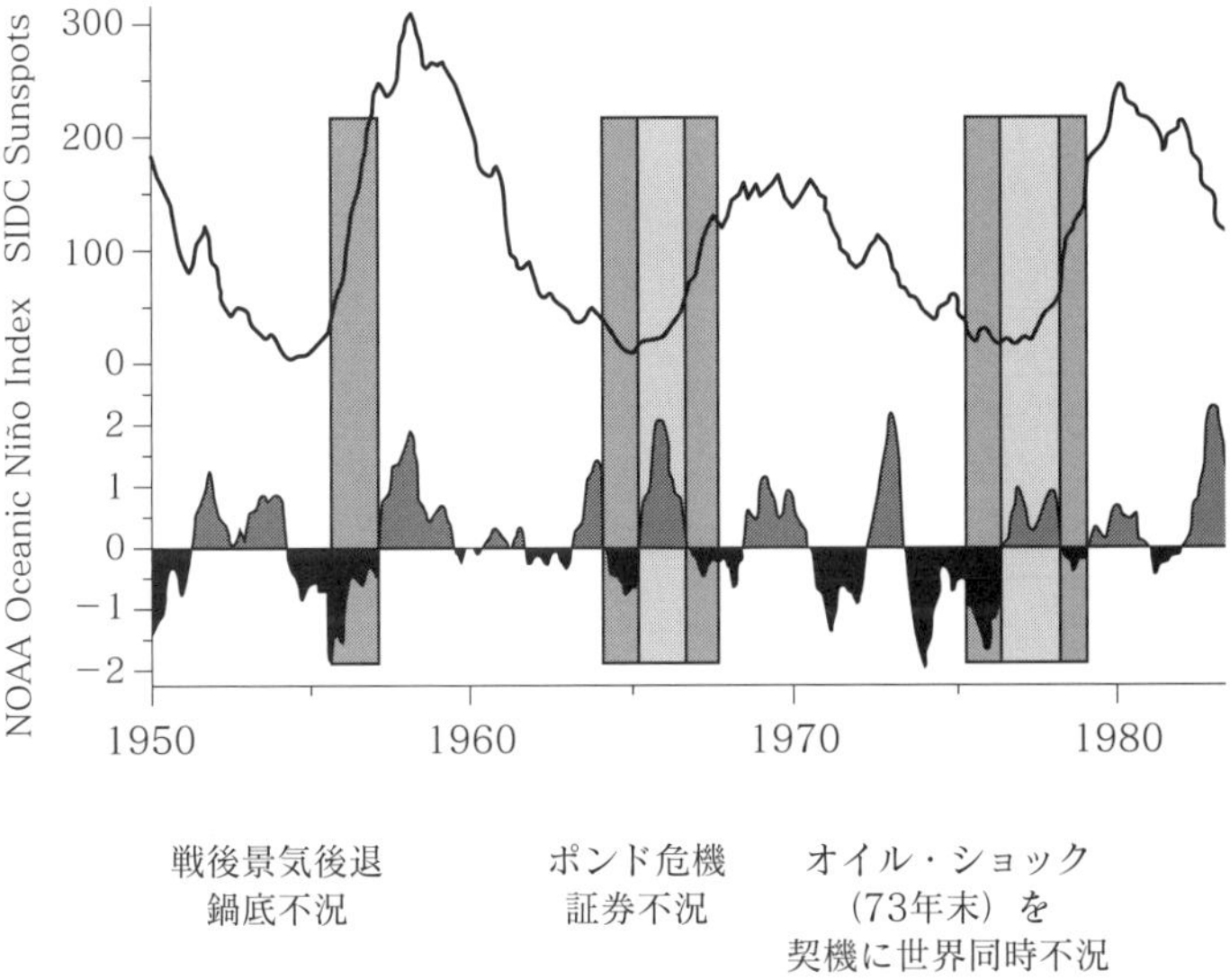


過去5回のパターン

・黒点数が極小に向かう前半：ラニーニャ
・黒点数が極小に向かう後半：エルニーニョ
・極小から最大に向かう期間：ラニーニャ

※四角の柱は3分割されているが、これは
(ラニーニャ→エルニーニョ→ラニーニャ）
の順に起こることを示している。
このパターンが過去5回繰り返された。

よりパワーアップするとの見立てが成り立つ。

となれば、世界最大かつ、いちばん安全な賭場かつ、米国のバロメーターであるNYダウ市場が沸騰する可能性があり、上下動は激しくなるものの、同市場は4万ドル超えを目指す本書のシナリオともマッチする。2024年11月のビッグイベントである米国大統領選に向けて（熱狂・狂騒を経験した米国の1920年代を彷彿とさせる）莫大な富が米国に集中する史上最大、かつ最後のバブルへと突き進んでいくことを示唆していると捉えられよう。

それをバックアップするのが2023年のドルの強さと、米国経済を支えるもう一つの経済の輪転機である軍産複合体に流入する莫大な国家予算（米財務長官ジャネット・イエレンが太鼓判を押している）である。為替市場における戦略も同様だ。米国の政治・経済・軍事をEUと比較した場合にも、パワーバランスの観点から目先は「Strong Dollar is U.S. interest（強いドルは米国の利益）」への傾斜が強まると捉えられよう。「ペトロダラー（Petrodollar）」への資金流入が継続され、再度ドル高（ドル／円は、再び130円台から150円台への上昇）へと向かう。ユーロ／ドルも、再び1・0800から0・8200へとユーロの下落へ繋がっていくと見る。

## ■米国の逆鱗に触れてしまった習近平の行動

次に今回の絵柄のほぼ中心に配されるロシアのプーチン大統領が主役となる期間が、パネルの第1四半期から第3四半期（つまり1月から9月まで）となっている。ということは、最悪の状態を想定したとしても、ロシアVSウクライナ紛争のピリオド、すなわちロシアとウクライナとの手打ちは、２０２３年の９月末までになされるのではないか。

このロシアVSウクライナ紛争の終結への道筋が確定されたあとに、２０２３年第４四半期に配されている習近平国家主席に着目すると、その真横に世界最高性能を誇るジェイムズ・ウェッブ宇宙望遠鏡が配されてある。ＮＡＳＡやＥＳＡ（欧州宇宙機関）、ＣＳＡ（カナダ宇宙庁）が主体となり共同開発をした望遠鏡だけに、中国が宇宙空間での覇権を狙っているとしてもパワーバランスの観点から見れば宇宙を含め、軍産複合体である戦略国家米国の覇権に軍配が上がりそうだ。

この米国の覇権に対して、口元が歪んだ習近平の表情は不安と苦悩でやや動揺しているようにも見える。２０２４年以降に向けいよいよ米国の中国に対する「窮鼠猫を噛む戦略」が、２０２３年の第４四半期からスタートしていくと受け取れるのだが、この戦略は習近平の〝勇み足〟のために、前倒しとなる可能性が出てきた。というのも２０２２年12月８日、習近平の行動が、本物の戦略国家・米国の逆鱗に触れてしまったからにほかならない。以下はロイター発12月９日付のニュースの要旨である。

――サウジアラビアを訪問中の中国の習近平国家主席は９日、中国・湾岸協力会議（ＧＣＣ）首脳会議で演説を行い、石油・ガス貿易の〝人民元建て決済〟を推進する姿勢を表明した。人民元を国際通貨として確立させ、世界貿易におけるドルの支配的地位に揺さぶりをかける格好となった――

習近平がサウジアラビアを訪問し、上海石油天然ガス取引センターのプラットフォームを活用して石油・ガス貿易での人民元決済の実施に同意した「ペトロ人民元構想」。ドル一極集中の通貨覇権に、中国・サウジが共同作戦で、風穴を開けようとしている。これは非常に大きい問題をはらんでいる。

米国の軍産複合体のもう一つの仕事はドルの覇権を守ることである。「ペトロ人民元」がいよいよ現実のものとなろうとしているいま、彼らは腕組みをして出番を待っているはずである。

実にシンプルな話なのだ。世界貿易の決済の大部分においてはいまでもドルが使われている。例えば、日本がアラブ諸国から石油を買うときも、ドルが使われる。日本やアラブに限らず、ＥＵでもどこでも、貿易決済でドルが必ず介在して使われている。

その最大の理由は、ドルが世界貿易の基軸通貨となっているからにほかならない。モノの値段も借金も全てドルで決済がなされているからこそドルの需要が生まれ、その結果、米国は世界最大の借金国であるにもかかわらず、常に米国に資金が流れ込むというシステムが確立しているのだ。米経済が破綻しないでいられる最大の理由は、ここにある。

米国経済の生命線は、ドルが世界の基軸通貨であり続けることなのだ。したがってドルが基軸通貨の地位を失えば、たちまち米国経済は窮地に陥ってしまう。だからこそ、米国はドルの基軸通貨としての立場を脅かしてくるものには、情け容赦せず全力を挙げて潰しにかかる。それはこれまでの歴史が物語っている。

２０００年当時、米国と敵対関係にあったイラクのサッダーム・フセイン大統領が、世界の基軸通貨になるべくドルに対抗したユーロの野望に加担し、イラク産の石油取引をユーロ建てに変更した。フセイン大統領を焚き付けたのは、当時のフランスのジャック・シラク大統領だった。

その後何が起こったかは語らずとも明らかだろう。恐ろしい話である。
今回も、米国VS中国・サウジの争いの前哨戦として、中東アラブ諸国で紛争が勃発する可能性はかなり高いと言えそうだ。

以上が、個人的な見立てである。以下は、「THE WORLD AHEAD 2023」の冒頭に書かれていた「エコノミスト」誌の編集者による2023年に注目すべき10のテーマとトレンドを私なりにまとめたものである（傍線は筆者による）。

1．ウクライナに注目
エネルギー価格、インフレ率、金利、経済成長、食糧不足、これら全てが今後数カ月の紛争の行方にかかっている。ロシアVSウクライナ戦争は膠着状態が最も可能性が高い。エネルギー不足と米国の政治的変化により、ロシアは欧米のウクライナへの支援が弱まることを期待して、紛争を長引かせようとするだろう。

2．景気後退の危機

エネルギー価格の高騰、パンデミックの後遺症であるインフレを抑制しようと、中央銀行が金利を引き上げるため、主要国は景気後退に陥るだろう。米国の景気後退は比較的穏やかなものだが、欧州の景気後退はより厳しいものに。ドル高が、すでに食糧価格の高騰で打撃を受けている貧しい国々を痛めつけ、その痛みは世界的なものになるだろう。

3．気候の（逆境のなかでの）明るい兆し

エネルギー供給の確保を急ぐあまり、各国は化石燃料に戻りつつある。しかし、中期的には戦争によって、独裁者が供給する炭化水素に代わる、より安全な自然エネルギーへの転換が加速され、風力や太陽光だけでなく、原子力や水素も恩恵を受けるだろう。

4．中国のピーク？

4月のある時点で中国の人口は約14・3億人となり、インドに抜かれる。中国の人口が減少し、経済が逆風にさらされるなか、中国がピークを迎えたかどうか、多くの議論が交わされるだろう。中国の成長は鈍化し、アメリカの経済規模を追い越すことはないかもしれない。

5．アメリカの分断

中間選挙では共和党が予想以上に悪い結果となったが、中絶や銃などの問題に対する社会的・文化的対立は相次ぐ最高裁の判決を経て、拡大。ドナルド・トランプが2024年の大統領選に正式に参戦することで、火に油を注ぐことになる。

6．注目すべき火種

ウクライナでの戦争は他の場所での紛争のリスクを高めている。ロシアに気を取られている間に、その裏庭で紛争が勃発する。中国は、台湾に対して行動を起こすのにこれ以上良いタイミングはないと判断するかもしれない。ヒマラヤ山脈でインドと中国の緊張が高まるかもしれない。そしてトルコはエーゲ海のギリシャの島を手に入れようとするかもしれない？

7．同盟関係の変化

地政学的な変化のなかで、同盟関係も変化。ウクライナ戦争で活性化したＮＡＴＯは、二つの新規加盟国（スウェーデンとフィンランド）を迎える。サウジアラビアは新興のブロックであるアブラハム協定に参加するのだろうか。その他に重要性を増しているグループとして、ＱＵＡＤ（日米豪印戦略対話）とＡＵＫＵＳ（米英豪安全保障協力）、Ｉ２Ｕ２（インド、イスラエル、米国、ＵＡＥからなる経済連携）がある。

８．リベンジ・ツーリズム

ロックダウン後の旅行者支出は２０１９年の１・４兆ドルをほぼ回復するだろうが、それはインフレにより物価が上昇したためだ。実際の国際旅行者数は16億人で、２０１９年もパンデミック前の18億人のレベルを下回るだろう。企業のコスト削減により、業務渡航は引き続き低調に推移するだろう。

９．メタバースのリアリティチェック

仮想世界で働き、遊ぶという考え方は、ビデオゲームを超えて普及するのだろうか。２０２３年は、アップルが初のヘッドセットを発売し、メタは株価が低迷する中で戦略を変更するかどうかを決定するべく、何らかの答えが得られるだろう。一方、より簡単ですぐに役立つパスワードに代わる「パスキー」が台頭。

10．新年、新専門用語

２０２３年に知っておくと便利な専門用語。暗号通貨は時代遅れ、ポスト量子暗号はアツい。ニンビー（ninby）は廃止され、インビー（yinby）が登場。しかし、凍った対立や合成燃料を定義することはできるだろうか？

＊ポスト量子暗号アルゴリズム：楕円曲線暗号やＲＳＡを代替可能であると同時に、量子コンピュータに対する安全性を持ったアルゴリズム。これらの暗号を使用することで量子コンピュータのリスクに対して、ある種の保険になる

＊合成燃料：再生可能エネルギー由来の水素（「グリーン水素」）と、発電所や工場から排出される二酸化炭素や大気中の二酸化炭素を使って製造。従来の化石燃料と違い、ライフサイクル上で大気中の二酸化炭素を増やすことがない、カーボンニュートラルな燃料

＊ninby：「Not In My Backyard（我が家の裏庭には置かないで）」公共に必要な施設だということは認めるが、それが自らの居住地に建設されることには反対する住民のことや、その態度を言い表す

＊yinby：「yes in my backyard（裏庭にどうぞ）」

ninbyとは逆に、ごみ処理場など不快な施設でも建設を支持

「エコノミスト」誌の編集者は後記で「振り返ってみると、パンデミックは地政学や経済学が比較的安定し、予測可能だった時期の終わりを告げるものであった。今日の世界は、大国間の競争、パンデミックの余波、経済の激変、異常気象、社会・技術の急速な変化などにより、より不安定になっている。予測不可能なことがニューノーマルなのだ。そこから逃れることはできない。しかし、「THE WORLD AHEAD 2023」を読むことで、この新しい現実に自信を持って立ち向かうことができるようになることを、私たちは願っている」としている。

私も世界の戦争が終わり、平和な世の中が早く戻ってくることを願ってやまない。そして来る金融危機にも各国が協力し、適切な対処が素早くなされることを切に祈っている。

# あとがきに代えて

最後に、直近のグローバルマクロ経済の変化に関して、皆様への緊急お知らせとしてアップ・デートさせていただきたいと思います。

この〝タイトル〟を書いている終盤戦にさしかかったときに、2022年の11月から為替相場において、特にドル/円に関してあれほど騒がれたドル高から一気に急激なドル安へと大転換しています。これを皆さんは、どう思われますでしょうか？　金利差の変化でしょうか、CPIの改善からでしょうか、それとも日銀が介入したからでしょうか、メディア（ロイター、ブルームバーグ、FT、WSJ）もいろいろ材料を見つけてはいるようですが……ずばり個人的な見立ては、〝国際政治〟すなわち、米国VSその他の西側諸国（特に対日為替戦略）上のお金の足し算・引き算だけの問題が解決したからに過ぎないと見ています。

詳しく説明すると、本書でも何度か触れましたが、世界最強の米国（スーパー軍産複合体）が戦争・紛争に直接的にも間接的にも介入する場合、いちばん、必要なものとは何でしょうか？　そう、〝お金〟なんですよね。着手するまでは、ドル高に持ち込んで全世界から資金をドルで吸い上げて、軍資金づくりに専念する。そして実際に戦闘に着手、すなわち、解決策が見出されたときにはドルの役目がいったん終了して、ドルは急落していくのが通常の流れです。

では今回のシナリオで、何が変化して為替の流れが大転換したのでしょうか。言うまでもありません。米国のドル高戦略中（ドル高演出中）に、もう一つ注目されていた事件がありました。台湾（米国）VS中国のアジアにおいて一触即発ともなるかのごとく騒がれておりました。２０２２年11月に発行された２０２３年の「エコノミスト」誌の別冊「THE WORLD AHEAD 2023」の表紙にも、第１四半期に相当するパネルに蔡英文台湾総統が描かれていましたが、すでにこの時点で、蔡英文台湾総統の失脚が決定しており、アジア地域での大きな紛争の芽はなくなったと思われることが、大きなトピックスでしょう。それと同時期に、我が国日本の防衛予算が一転して莫大に増加していくことが決定されたことも大事なポイントです。そうです。米国は現状でロシアVSウクライナ戦争に関わるための防衛予算を確保するのみならず、西側諸国、特に日本からの莫大な防衛予算をも確保するに至ったのです。日本は高性能かつ、高額の戦闘機、武器弾薬、もろもろの防衛必需品はどこから買うのでしょう？　もう言うまでもなく、米国以外ありえません。こうして米国経済は今後、スーパー・軍産複合体である防衛産業を中心として、この世の春を謳歌していくこととなり、景気も盤石となっていくのです。

さて為替相場の件に戻りますと、ドル／円は１０２円の底から上げて１５１円の高値から暴落、半値もどし（50％戻し）が１２７円（ギャン・チャートでも１２７は十字線にある）、上値の１４５円より上値はオーバーシュートであったと判断します。そしてこの１３０円より下値も、２０２３年においてはオーバーシュートと見ます。

戦略国家・米国が次のドル高戦略をとってくるのは、２０２３年「エコノミスト」誌の第４四半期に相当するパネルの部分に描いてある習近平国家主席（中国）を本格的に視野に入れていくときだとみています。それまでは２０２３年は１２５～１４５円のレンジ相場と見ています。

これらのドルの上下動の動きを決めるのは、選《え》りすぐりの作戦参謀がいる基軸通貨国の米財務省です、時はいま、世界中がドルの動きに集中させられていますが、米国が高金利時代の到来というのに、株価が上がり始めるなど、何かジワリと状況が変化してきてはいませんか？　そうなんです。言わんとすることはそこなのです。

ドル高の次に来るもの！　ここが重要です！　2024年末に向けて、最後のバブルが吹き上がっていくのです。この本をお読みいただければ、今後来る強気の大相場から巨大クライシス（世界恐慌）へと、世の中が大転換をしても対応できますし、この本があなた自身の資産を守る十分なヒントになりうると信じています。

話は長くなりましたが、この本を刊行するにあたって、構成や編集にお力添えくださった〝チーム岩永〟の皆様、校閲・校正に関わっていただいた皆様、本当にありがとうございました。そしてこのご縁を繋いでくださった大いなる存在に心より感謝をいたします。

ここまで読んでくださった読者の皆様、本当にありがとうございます。皆様のご健康、資産の保全、幸福を心より祈って、筆をおきたいと思います。

2023年3月　東京にて

岩永憲治

【参考文献】
・「１９２９～33年世界大恐慌について」今田寛之、「金融研究」第7巻第1号、１９８８年4月
・「大恐慌論再考―フリードマン＝シュウォーツ、大恐慌論の補足的分析―」宮川重義、「京都先端科学大学　経済経営学部論集」1号、２０２０年3月
・『アメリカ歴史統計』第Ⅱ巻、アメリカ合衆国商務省編、斎藤眞・鳥居泰彦監訳、東洋書林、１９９９年
・「ダウ2万ドルは『トランプのおかげ』ではない」ロバート・J・シラー、東洋経済ＯＮＬＩＮＥ、２０１７年2月5日　https://toyokeizai.net/articles/-/155805?page=2
・「世界恐慌期におけるアメリカの自動車産業」桜井清、「明大商学論叢」第82巻第3号、２０００年2月
・「１９２０年代アメリカ経済発展過程の特質」土生芳人、「岡山大学経済学会雑誌」第19巻第2号、１９８７年9月
・「１９２９年の〝パニック〟株価暴落の衝撃」河内信幸、「国際関係学部紀要」第24号、２０００年3月
・シリーズ「市場経済システムの歴史」23、渡部亮、第一生命経済研究レポート、２０１０年8月　https://www.dlri.co.jp/pdf/dlri/04-20/1008_9.pdf

・「1920年代のアメリカ経済の構造変化と大恐慌」祝迫得夫、「経済研究」第57巻第3号、2006年7月
・「バブルと資金拘束」原田善教、「同志社商学」第66巻第5号、2015年3月
・The Economist: The World in 2021 [UK]　2020年12月
・The Economist: THE WORLD AHEAD 2022 [UK]　2021年12月
・The Economist: THE WORLD AHEAD 2023 [UK]　2022年12月

（URLの最終閲覧日／2023年3月1日）

## 岩永憲治（いわながけんじ）

熊本県出身。陸上自衛隊に所属中、精鋭部隊であるレンジャー養成課程へ選抜される。

その後、自衛官となるか大学に進学をするかを迷ったのち、見識を深めるために四年制大学への進学を決意する。1987年に明治大学 政治経済学部を卒業。在学中に、アルバイトの派遣先として外資系銀行のディーリング・ルームに配属され、やがて外国為替の売買に携わるようになる。コンマ何秒の間に多額のお金を動かすリスクと向き合う世界に魅了され、金融取引の感覚を鍛えられる。大学卒業と同時に、外資系の大手銀行に就職し、プロフェッショナルの為替トレーダーとなる。スイス、英、米、豪、カナダ各国の、世界に名だたる銀行で30年以上、トレーディングの最前線で研鑽を積み、その後、各銀行においてセールス部門のヘッドとして、日本のトップ・クラスの会社とのビジネスに携わる。財務省の担当（MOF担）や日本銀行の担当（BOJ担）としても従事した。

その後、一定期間のブランクの後、金融コンサルティングを再開。本書は初の著書となる。

現在、岩永グローバル経済研究所 代表。


岩永憲治X（旧Twitter）: https://twitter.com/y8sLQ57OkrahWe6

ブックデザイン／宮坂 淳（Snowfall）

# 金《きん》融《ゆう》暴《ぼう》落《らく》！　グレートリセットに備《そな》えよ

二〇二三年三月二九日　第一刷発行
二〇二三年九月二六日　第三刷発行

著者　岩永《いわなが》憲治《けんじ》
発行者　樋口尚也
発行所　株式会社　集英社
〒一〇一―八〇五〇　東京都千代田区一ツ橋二―五―一〇
編集部　〇三―三二三〇―六一四一
読者係　〇三―三二三〇―六〇八〇
販売部　〇三―三二三〇―六三九三（書店専用）
印刷所　凸版印刷株式会社
製本所　株式会社ブックアート

定価はカバーに表示してあります。


ISBN978-4-08-786139-6　C0033